レオス・キャピタルワークス
代表取締役会長兼社長

藤野英人

日本経済新聞出版

はじめに――「おいしいニッポン」を味わうために

5年後は読めないが20年後は見通せる

かつて、ある経営者は「5年後の予測はもっともズレやすい」と語りました。

私たちが、現在のデータや実際に起きていることに基づいて予測できるのは、半年ほど先まででではないかと思います。3年後を予測するとなればほとんど暗中模索といってよく、5年後のことなどまったくわからないと考えたほうがいいでしょう。

しかし10年後、20年後の予測となると、また話が変わります。

世界はさまざまな要因によって常に揺れ動いています。紛争が起きることもあれば、疫病が蔓延したり災害が起きたりすることもありますから、3年、5年といった短期的な視点では世の中がどう変化するのかを正確に言い当てることはできません。

一方で、たとえ天変地異が起きたとしても、DX（デジタルトランスフォーメーション）が進んで私たちの生活が大きく変化していくことは間違いないでしょう。そのような**メガトレンドを追えば、10年後、20年後の世の中がどうなっているのかを描き出すことは可能**です。

たとえば今後、自動運転の実用化が進み、ヒューマンオーグメンテーションと呼ばれるような人間の能力を拡張するテクノロジーやドローンを使った物流の効率化などもどんどん進化していくはずです。3年後、5年後に何がどこまで可能になっているのかは見通せませんが、10年後や20年後であれば、「人間の身体にチップを埋め込んでリアルタイムにバイタル情報を取得する」「取得した情報をもとにAIが最適なサプリメントを選択する」「自分の身体に必要なサプリメントがドローンや自動運転車で自宅に自動配送される」といったことが実現しているに違いありません。

過去20年間で激変したアメリカ、変わらなかった日本

私の**ファンドマネージャー**としての投資歴は30年以上になります。この間、８０００人以上の企業トップと対話し、企業訪問も重ねてきました。２０２０年に世界をコロナ禍が襲ってからは、オンラインミーティングツールを活用してさらに面談のペースを上げ、未上場企業も含めて数多くの企業経営者と対話を重ねています。

また、私は**個人投資家**としてベンチャー企業に投資することもあります。**起業家**としては、２００３年に創業したレオス・キャピタルワークスを経営しており、２０２０年に時価総額１０００億円超えを達成したプレミアムウォーターホールディングス、ＨＯＹＡから２０２１年に分社独立したＶｉＸｉｏｎ（ヴィクシオン）の創業メンバーでもあります。

このほか、私には**教育者**としての顔もあります。２０２１年まで20年ほど明治大学商学部兼任講師としてベンチャーファイナンス論を担当し、現在は東京理科大学ＭＯＴ（経営学研究科技術経営専攻）特任教授、早稲田大学政治経済学部非常勤講師、叡

啓大学客員教授として多くの学生に講義を行っています。

このような立場から、私は国内外の株式市場や起業家の動向、若者たちの意識の変化などを見つめ続けてきました。

今から20年ほど前、私は日本に対して絶望的な気持ちを抱いていたものです。

その頃の私は外資系運用会社で働いていたため、欧州やアメリカを行き来する機会が多く、ベンチャーブームに沸くアメリカの様子を目の当たりにしていました。２０００年前後は、インターネットの普及と共にグーグルやネットフリックス、フェイスブックといった企業が誕生し、アップルやマイクロソフトなどＩＴ業界の老舗企業が再生していった時代です。

当時のアメリカでは、ハーバード大学やスタンフォード大学、コロンビア大学などを卒業した優秀な学生のトップ層が自分で起業したりベンチャー企業に入ったりするようになっており、その次の層がコンサルティング会社や投資銀行に行き、次の層が中堅企業に行き、大企業を選ぶのはさらに下の層でした。そして、成功した起業家たちが後に続く起業家を支援することで、**多様な新興企業が続々と誕生**していくことになりました。

一方、当時の日本では最優秀層は官庁か大企業に就職するのが当たり前でした。日本が変化のない社会を選択していることは明らかであり、急激に変化していくアメリカの状況と比較すれば、日本の明るい未来を思い描くことは難しかったのです。

実際、その後の20年間の日米の違いは時価総額上位銘柄の顔ぶれに現れています。まず、日本を見てみましょう（図表はじめに-1）。2000年12月末時点と2020年12月末時点のTOPIX時価総額上位ランキングを見ると、いずれも通信会社、自動車メーカー、電機メーカー、メガバンクなど、いわゆる「一流大手企業」がずらりと並んでいることがわかります。2000年末の上位5社はNTTドコモ、トヨタ自動車、日本電信電話（NTT）、ソニー、みずほホールディングス。2020年末時点はトヨタ自動車、ソフトバンクグループ、キーエンス、ソニー、日本電信電話（NTT）でした。

[図表はじめに-1] **TOPIXの時価総額上位ランキング**

	2000年12月末	2020年12月末
1位	NTTドコモ	トヨタ自動車
2位	トヨタ自動車	ソフトバンクグループ
3位	日本電信電話	キーエンス
4位	ソニー	ソニー
5位	みずほホールディングス	日本電信電話
6位	武田薬品工業	ファーストリテイリング
7位	松下電器産業	中外製薬
8位	セブン-イレブン・ジャパン	任天堂
9位	東京三菱銀行	日本電産
10位	本田技研工業	第一三共
11位	野村證券	信越化学工業
12位	東京電力	リクルートホールディングス
13位	住友銀行	KDDI
14位	キヤノン	ダイキン工業
15位	日本電気	エムスリー
16位	日立製作所	村田製作所
17位	富士通	オリエンタルランド
18位	村田製作所	三菱UFJフィナンシャル・グループ
19位	さくら銀行	ソフトバンク
20位	日本オラクル	東京エレクトロン

日本では一流大手企業が変わらず上位を占める!

では、アメリカはどうでしょうか？　図表はじめに－2をご覧ください。2000年の上位5社はゼネラル・エレクトリック（GE）、エクソンモービル、ファイザー、シスコシステムズ、シティグループでした。これが2020年には、アップル、マイクロソフト、アマゾン・ドット・コム、アルファベット（グーグルの持ち株会社）、フェイスブックへと入れ替わっているのです。

2040年、日本の時価総額上位銘柄の顔ぶれが変わる

2000年当時に私が持っていた日本に対する非常に暗い見通しは、残念ながら的中してしまったといえます。

しかし今、私は日本の未来について明るい見通しを持っています。

それは、**2000年頃にアメリカで起きた変化と似たような動きが日本でも見られ始めている**からです。

[図表はじめに-2] **S&P500の時価総額上位ランキング**

	2000年12月末	2020年12月末
1位	ゼネラル・エレクトリック(GE)	アップル
2位	エクソンモービル	マイクロソフト
3位	ファイザー	アマゾン・ドット・コム
4位	シスコシステムズ	アルファベット
5位	シティグループ	フェイスブック
6位	ウォルマート	テスラ
7位	マイクロソフト	バークシャー・ハサウェイ
8位	アメリカン・インターナショナル・グループ(AIG)	ビザ
9位	メルク	ジョンソン・エンド・ジョンソン(J&J)
10位	インテル	ウォルマート
11位	オラクル	JPモルガン・チェース・アンド・カンパニー
12位	AT&T	マスターカード
13位	コカ・コーラ	プロクター・アンド・ギャンブル(P&G)
14位	IBM	ユナイテッドヘルス・グループ
15位	ジョンソン・エンド・ジョンソン(J&J)	ザ・ウォルト・ディズニー・カンパニー
16位	EMC	エヌビディア
17位	ブリストル マイヤーズ スクイブ	ホーム・デポ
18位	ベライゾン・コミュニケーションズ	ペイパル・ホールディングス
19位	ロイヤル・ダッチ・ペトロリアム	バンク・オブ・アメリカ
20位	ホーム・デポ	ベライゾン・コミュニケーションズ

米国では上位銘柄が大きく入れ替わり、GAFAMがトップ5に!

近年は日本でもベンチャー企業が上場し、起業家が社会的にも経済的にも成功するケースを目にすることが増えています。また超優秀層の中で、大企業や官庁には目もくれず起業にチャレンジする人も目立ってきました。

もちろん大企業神話や官庁神話が消え失せたわけではありません。しかし、かつてのように起業家であるというだけで「怪しい得体のしれない人」扱いされることはなくなり、起業は「まともな大人」の選択肢のひとつになったといえます。経済産業省がスタートアップ企業の育成支援プログラム「J－Startup」を推進するなど国を挙げてベンチャー企業を支えようという機運が高まっているほか、ユニークなベンチャーキャピタルの存在感も増してきており、**起業家を支える社会的なエコシステムができあがりつつある**のです。

また、私が多くの若い世代の起業家と会っていて感じるのは、みんな志が高くいい顔つきをしていることです。彼らの多くは、将棋の藤井聡太さんや大リーグの大谷翔平選手、フィギュアスケートの羽生結弦選手などと同世代です。私は、**藤井さんや大谷選手、羽生選手の経営者版が登場している**というイメージを持っています。将棋やスポーツの世界は若くして才能が発見されやすい一方、起業家が世に出るにはもう少し時間がかかるので、まだ広く一般に知られていない人たちがたくさんいます。これからは、この世代の若手経営者がどんどん注目を集めていくことになるでしょう。

彼らのような起業家が出てきた時代背景としてよくいわれるのは、この世代がいわゆるデジタルネイティブであり、インターネットやSNSが当たり前に存在する中で育ってきているということがあります。彼らにとって、ITを活用するのはごく自然なことです。そして少し上の世代には、IT業界で起業して成功した人、成功によって得た資金をベンチャーに投資して育てようとしている人がたくさんいます。つまり今の若い世代は、起業に関心を持ち意欲を持ってアプローチすれば、そういった先輩たちと関係を築いて情報もお金も引き出すことが可能なのです。

このような大きな時代の流れの中、**優秀な若者たちの意識は私たちの想像を超えるほど変化**しています。

2年ほど前、私は東京大学と京都大学のトップクラスのデータサイエンティストが集まる場に行きました。そこで「最近、優秀な学生は大企業に行きたがらないって聞くけど、本当？」と尋ねました。するとみんな口をそろえて「当たり前じゃないですか！」というのです。彼らが考えているのは自分で起業するか、ベンチャー企業に入るか、ＧＡＦＡＭ（グーグル・アマゾン・フェイスブック・アップル・マイクロソフト）に行くという選択肢で、日本の大手企業など眼中にありません。

「僕らの周りで、大手企業に行きたいなんていう人はいませんよ」
「セクハラ・パワハラとか、ろくなことがないでしょう」
「頭のカタいおじさんの先例主義にふりまわされたくありません」

日本の大企業なんて行きたくないというのが、彼らの本音なのです。

もちろん、大学で学生たちを教えていると「日本の若者たちは全般に保守化が進んでいる」と感じることが多いのも確かです。

２０００年頃には、隕石が落ちてきてもその場を動きそうにない「何もしないのが一番よいと考えるタイプ」が40％ほどを占める印象でしたが、２０２０年の今は「何もしないタイプ」が60％ほどにまで増えたように思います。「最近の子は保守的で何事もやる気がない」という声も、今の社会を捉えた表現として間違っているわけではないと思います。

しかしその一方、「何があっても挑戦し続けるタイプ」の学生は増えています。「挑戦するタイプ」は２０００年頃には私が接する学生全体の０・５％ほどでしたが、近年はこれが３％くらいになっている印象があります。つまり、**一騎当千の若者が１００人中３人はいる**わけです。実際の人数でいえば、やる気とチャレンジ精神にあふれる若者はこの20年ほどの間に驚くほど増加しています。そしてその中には、まさに大谷選手のように、世界を舞台に勝負していくであろう起業家がいるのです。

かつてアメリカは、スティーブ・ジョブズやジェフ・ベゾス、イーロン・マスクなどの「天才」の出現によって激変しました。

私は、それと同じことがこれから日本に起こると思っています。今からおよそ20年後となる２０４０年には、日本の時価総額上位銘柄はガラリと入れ替わっているはずです。そのときの上位には、今はまだ名を知られていないベンチャー企業が名を連ねることでしょう。

居場所次第で20年後は天国と地獄に分かれる

これからの10～20年間で、日本社会が激変することは間違いありません。

そして、「変化を見据えて動く人」と「変化に備えることなく動こうとしない人」、言い換えれば**「未来志向で生きる人」と「そうではない人」との間で、大きな格差が生じる**でしょう。

小さなベンチャー企業が20年かけて日本を代表するトップ10企業に成長していくことを想像してみてください。その現場に居合わせる人たちにとって、これからの20年は非常に楽しく、面白く、ワクワクする人生になるでしょう。もちろん、**資産も大きく増やせる**はずです。

一方、今、時価総額上位の「一流大手企業」で働いている人にとって、未来はあまり楽しいものにはならない可能性があります。ランキングから滑り落ちて衰退していく会社にしがみつき続ければ、それは辛く厳しい20年間になるかもしれません。

これからの20年を楽しく幸せに生きるか、辛く厳しい時間にするのか、決めるのは自分自身です。居場所次第で、20年後は天国と地獄に分かれるでしょう。

今すべきことは、まず自分がいる場所を確認することです。もしも「自分の居場所は今後、衰退していく可能性が高い」と思うのであれば、ものの見方や考え方、行動などを変える努力が必要でしょう。それはたとえば転職することかもしれませんし、自分で起業することかもしれません。もちろん、成長が期待できる企業に投資することも選択肢になるでしょう。

本書では、私が2040年に向けて日本のメガトレンドをどう捉えているのか、そして「20年後の日本」を幸せに生きるために投資家・起業家として具体的に今どのような行動を起こしているのかをお伝えしていきます。

私が個人で投資したり経営に参画したりしているベンチャー企業はもちろん、協力している団体や企業経営者について、**なぜその会社なのか、なぜその人なのか、その先にどのような未来を見据えているのか**を、あますところなくお見せするつもりです。

巻末には、未来を見据えるエンジェル投資家であり、次々に有力スタートアップを輩出する起業家コミュニティ「千葉道場」を主宰する千葉功太郎さんとの対談を収録しました。その対談の中で千葉さんがおっしゃったのが、日本は「おいしい」という言葉です。

いまだに〝昭和のオジさん〟が経営する旧態依然とした日本企業を見ていると「日本は本当にダメな国だ」と思わざるを得ませんが、**きわめてアナログな国で課題が山積しているからこそ、おいしいチャンスがゴロゴロ転がっている**のです。

チャンスを活かして「おいしいニッポン」を味わうのか、それともみすみすチャンスを逃すのか、選ぶのは皆さん自身——本書のタイトルには、そんなメッセージを込めたつもりです。

本書を通じ、読者の皆さんが「楽しく、面白く、ワクワクできる」方向へ意思を持って踏み出せるよう、背中を押すことができればうれしく思います。

２０２１年10月

藤野英人

おいしいニッポン　投資のプロが読む２０４０年のビジネス　目次

第1章

ここがおいしい！①

テクノロジーを社会実装できる企業は伸びる

第2章

ここがおいしい！②

さらに進化するアフターコロナの「暮らし方×働き方」

ここがおいしい!③

第3章 ダイバーシティは成長の必須要件になる

第4章

ここがおいしい！④

独自の魅力が光る「地方」が増える

終章　「穴を見つけて穴を埋める」。成長企業は絶えず生まれ続ける

特別対談

千葉功太郎×藤野英人

「思考も行動も変えて新たな時代に向けた準備をしよう」

装幀◎小口翔平＋阿部早紀子（tobufune）
本文設計・ＤＴＰ◎ホリウチミホ（nixinc）
校正◎内田翔
編集協力◎千葉はるか（パンクロ）

ここがおいしい！①

テクノロジーを社会実装できる企業は伸びる

第

章

テクノロジーだけでなく「社会を変えること」にフォーカスする

日本がテクノロジーを活かし切れない理由

２０２０年に世界を襲ったコロナ禍の中、日本はワクチン接種の体制をなかなか整えることができませんでした。そのニュースを目にしながら私が強く感じたのは、「日本にはテクノロジーはあるけれど、それが実際に社会で使われるようにする『社会実装する力』が非常に弱いのではないか」ということでした。

テクノロジーの社会実装については、東京大学産学協創推進本部で東大卒業生の起業家向けアクセラレータープログラム「ＦｏｕｎｄＸ」のディレクターを務める馬田隆明先生の著書『未来を実装する』（英治出版）で深く考察されています。

馬田先生が述べているのは、端的にいえば「テクノロジーを有効に活用するには社会を変革しなければならない」ということです。テクノロジーはそれだけで機能するものではなく、新しい制度や考え方を社会実装しなければワークしないのです。

わかりやすい例として挙げられているのが、電気です。かつて電気というテクノロジーが登場し、動力が蒸気機関から電気へと移行するときに起きたことを追っていくと、**社会実装とはどういうことなのか**が見えてきます。

エジソンが白熱電球を発明したのは１８７９年で、電気が本格的に産業に応用され始めたのは１８８０年代に入ってからのことでした。１８８１年には電気生成工場も登場し、数年でさまざまな技術が開発されたのです。

しかしそこから20年経った１９００年時点でも、電気モーターで動くアメリカの工場は５％以下しかありませんでした。これはなぜかというと、当初は電気モーターが蒸気機関の代替品として捉えられていたからです。

当時、蒸気機関で稼働していた工場では、中央に大きな蒸気エンジンを設置してベルトを通じて機械に動力を伝えていました。ベルトとギアを通じてすべての機械が動いており、摩擦で動力のロスが生じるため、遠くまで力を伝えようとするほどロスは大きくなります。ですから、エネルギー消費量の多い機械は動力源の近くに置く必要があり、工場内の機械が効率のよい配置にできないという問題がありました。また、工場では高速で動くベルトに作業者が挟まって引き込まれる恐れがあり大変危険であったほか、電気がなく夜が暗いため昼間しか稼働できませんでした。

工場の蒸気エンジンを電気モーターに取り替えるだけでは、これらの問題は解決しません。しかし1920年代に入ると、電気モーターを前提として設計そのものを変える工場が現れ始めました。すると効率よく機械を配置できるようになり、さらに夜間も稼働できるようになったことで生産性は大きく向上し、もちろん作業者の危険も激減したのです。

工場のあり方を根本的に見直して何もかもを変え、電気を社会実装できたところは大きく成長することになりました。

電気の事例からわかるのは、最先端のテクノロジーがあれば問題が解決するわけではないということです。**社会がテクノロジーに合わせて変化しなければ、どのような**

テクノロジーも活用することはできません。新しいテクノロジーを「既存の仕組みの中に導入する」だけでは生産性の向上は望めず、「仕組みそのものを変えること」が欠かせないのです。

馬田先生はさまざまな事例を調査してテクノロジーの社会実装に成功したケースのインタビューを行った結果から、「社会を変えることのほうに重点を置き、自社の事業の社会的インパクトを強調していた」と分析しています。そして成功する社会実装について「最終的なインパクトとそこに至る道筋を示している」「想定されるリスクに対応している」「規則などのガバナンスを適切に変えている」「関係者のセンスメイキングを行っている」という４つの原則を挙げています。

社会実装する力が強い競争力になる

アメリカや中国でメガテック企業が成長していく中、高い技術力があるとされていた日本企業が後れをとった理由は、インターネットという新たな機会に対してテクノロジーの社会実装が遅れたことが問題だったのではないかと思います。
　どんなに優れたテクノロジーがあっても、それが実際に活用されるようにならなければ社会は変わりません。たとえば自動運転技術を可能にするテクノロジーはどんどん発達していますが、実際に自動運転車が公道を走り回るようになり、多くの人がそれを利用できるようにならなければ、社会が変わったとはいえないでしょう。
「実際に使われるようにする」ためには、高度なテクノロジーとはまた別の力が求められます。見方を変えれば、**テクノロジーと社会実装力の両方を持つ企業**は、日本では非常に競争力が高く、今後伸びる可能性が大きいということです。

ここ!

新しいテクノロジーに合わせて「仕組み」そのものを変革する産業・企業

CASE

「空からのデータ」を誰もが使えるようにするオンリーワン企業――スカイマティクス

「社会実装する力のあるテック企業」として私が注目し、個人で投資して経営にも参画しているのが、**ドローンを活用した農業支援**などを手掛けるスカイマティクス社です。

三菱商事からＭＢＯで独立

スカイマティクスと私のかかわりは、２０１９年にさかのぼります。

スカイマティクスはもともと三菱商事と日立製作所の共同出資により設立された企業で、三菱商事の子会社でした。しかし創業経営者である渡邉善太郎社長と倉本泰隆取締役CTO（最高技術責任者）は、三菱商事の子会社としてやっていく道を捨て、会社を買い取ってオーナー経営者になりたいと考えました。私はその相談を受け、2019年10月に渡邉社長と倉本CTOが同社をMBO（マネジメント・バイアウト）した際、出資者として名を連ねることになりました。当時、渡邉さんは三菱商事、倉本さんは日立製作所のサラリーマンだったわけですから、会社を買い取って独立するというのは大変な決断だったといえます。

そして2021年7月、私はスカイマティクスの社外取締役に就任しました。経営陣をしっかり支えながら、日本だけでなく世界で活躍する会社になるよう全力を尽くしていこうとワクワクしているところです。

私がスカイマティクスに自分のお金や知識を惜しまず投資しているのは、2040年の社会をイメージしたとき、スカイマティクスがグローバルに活躍している世界が見えるからです。

渡邉さんはもともと機械工学科出身で流体工学、産業数学、数値解析シミュレーションを専攻しており、学生時代から「35歳までには起業したい」と考えていたそうです。2002年に三菱商事に入社したのは、ビジネスを学ぶことが目的でした。三菱商事入社後は宇宙航空機部でリモートセンシングや衛星画像の事業を手掛け、2008年にはテレマティクスサービスを提供する子会社に出向してナンバー2として経営企画部長と営業責任者を務めています。テレマティクスサービスとは、自動車などの移動体を対象に無線通信を用いてリアルタイム情報を提供するものです。

経歴からうかがえるように、渡邉さんは理系のエンジニアであり、自分でコードを書いてプログラムを組むことができるだけでなく、企業経営や財務のことも細部まで理解しており、さらに営業もできるという稀有な人材です。

子会社の売却に伴うメーカーへの出向などさらに経験を重ね、次に手掛けたのが衛星画像事業。そこで彼は、**空から得た画像データ活用の可能性**に気づきます。しかし衛星画像データは非常に高価で取得に時間もかかるため、ビジネスに手軽に役立てるというわけにはいきません。そこで世界中を探し回って出合ったのが、ドローンでした。

「ドローンで撮影したデータを解析処理し、多くの人が手軽にその情報を活用できる世界を実現したい」

そう思った渡邉さんが立ち上げたのが、スカイマティクスです。

農業の未来を変える技術

スカイマティクスには、デジタル画像処理解析、ＡＩ、空間演算処理、ＷｅｂＧＩＳ（ネット上で利用可能な地理情報システム）などのコア技術があります。

たとえば２０２０年12月に「はやぶさ２」がオーストラリアに着陸した際、スカイマティクスは砂漠に落下したカプセルの回収サポートをしました。大気圏に突入する際にカプセルを保護したヒートシールドの落下地点を、無人航空機からの画像をＡＩで解析し早期に特定したのです。

スカイマティクスはこれまでに農業、建設、測量、防災、インフラ点検などの業界でサービスを提供しています。代表的なサービスのひとつが、デジタル画像処理解析

［図表1-1］

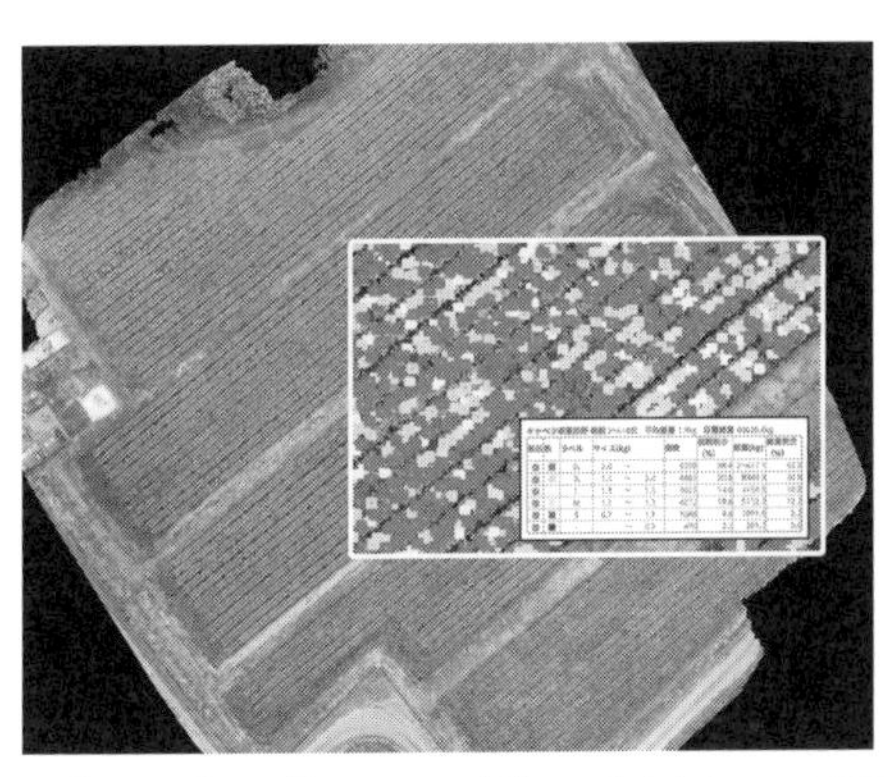

葉色解析サービス「いろは」の一例。ドローンを使って空からキャベツ畑の写真を撮ってアップロードすると、AIがキャベツの結球を自動的に認識、個数や総量といった生育状況がパソコン上ですぐ把握できる

とWebGISのテクノロジーを活用した「葉色解析サービス『いろは』」です。「いろは」では、**ドローンを使って空から農地の写真を撮ってアップロードするだけ**でさまざまな情報を自動認識できます。たとえば**農作物の生育状況や収穫量などもパソコン上で一瞬にして把握**できるのです。

キャベツを例にすると、1ヘクタールの農地ではおよそ2万1000個のキャベツをつくることができます。それだけ多くのキャベツを人力で正確に管理するのは不可能ですから、従来の農地管理は言葉を選ばずにいえばかなり適当なものであったわけです。そこでキャベツ農家が「いろは」を導入すれば、AIがキャベツの結球を自動的に認識してその農地にL玉、M玉、S玉のキャベツがいくつあるのかが数えなくてもわかり、正確な収穫予測が可能になります。

ここで、これからの10~20年で日本の農業に何が起こるか、メガトレンドを考えてみましょう。

農家の数は足元でもどんどん減少しており、過去5年間でおよそ20%減ったともいわれます。そして今後も減少は止まらないと考えられており、現在100万以上ある農家は将来的に60万ほどまで減ると見込まれています。一方、日本には食料自給率の問題があり、農地の面積が減る可能性は低いといえます。

つまり、農業をやめた農家の農地をほかの農家が引き継いでいくことで、長期的にはひとつの農家が経営する農地の面積が拡大していくと予想されます。

渡邉さんが目をつけたのは、この**「10年後の農家」が抱えるであろう課題**です。

経営面積が拡大すれば、農地管理の負担は重くなります。もともと日本は山地が多いため地形が複雑で、中山間地域の農業は全国の耕地面積の約４割にものぼっている上、農地を他農家から引き継いでいくときは農地が地続きに拡大するとは限りません。ひとつの農家が管理する農地が複雑な地形の中であちこちに点在することになれば、それをどう管理するのかが重い課題となることは間違いありません。

そこで「いろは」のようなサービスの必要性が高まるのです。**農家の数が減り、ひとつの農家が管理する農地の面積が拡大していく流れが止まらない**以上、時間が経つほど「いろは」のインパクトは大きくなる――これが、渡邉さんの見立てです。

「いろは」はスカイマティクスのサービスの一例に過ぎません。ほかにも、ドローンで撮影した画像をアップロードするだけで地形情報を確認できる測量サービス「くみき」や、ドローンに搭載したセンサーで鉄塔など高所施設を安全に点検できるサービスなどを次々に展開しています。人手不足に悩む業界、知見や技能を継承しなければならない業界などに、画像処理解析技術を活用してその業界のニーズに合わせた情報を提供することで、マンパワーをかけずに済んだりＡＩで知見や技能を代替できたりするケースが無数にあるのです。

ビジネスが生まれるまでは、泥臭い

「いろは」をはじめスカイマティクスは非常にスマートなサービスを数多く提供していますが、その実現までの過程では非常に泥臭い取り組みを一つひとつ重ねています。『いろは』を使えばキャベツの収量解析ができますといっても、農家さんには通じません。ですから私たちは実際にキャベツの収量解析をやってみせ、**同時に1ヘクタールのキャベツ2万1000個を自分たちで数えてみせました。**そうやって、テクノロジーが世界をどう変えるのかを実際にその目で見ていただいたんです」（渡邉さん）

スカイマティクスのサービスのひとつに、スマホでお米の写真を撮るとすぐに等級判定できる「らいす」というアプリがあります。「らいす」が登場するより前には、お米の等級を測るためには農家が収穫したお米を検査センターに持ち込む必要がありました。現在は、スマホで事前に等級を簡易判定できることが話題を呼び、クチコミで農家にどんどん広がっています。

この「らいす」の開発の際、渡邉さんはなんと新潟県の農産物検査官の資格を持つ農家に弟子入りし、元農産物検査官の方から指導を受け、自分の目で一等米、二等米、三等米を判定する技能を身につけてしまいました。その技能をアルゴリズムに移植し、農家で実際に使ってもらって検証する作業を重ねていったのです。

「ＡＩというものはいきなりお金を取ろうとしてもダメで、まずはＡＩによって未来がどう素晴らしいものになるのかをその世界の人たちに見せてあげることが必要だと思っています。未来を体験してもらうために、私たちは徹底的に泥臭いことをやっているんです。最先端のテクノロジーを社会実装するためにもっとも重要なのは、技術よりも、この『泥臭いこと』ができるかどうかだと思います」

「未来の課題」はシェアをとりやすい

サービスを開発するとき、必ずその業界の人を巻き込んでいくのがスカイマティクスのやり方です。農家や建設会社、防災業界のコンサルティング会社などにパートナーになってもらい、一緒に課題を解決していくのです。

ここでポイントなのは、業界の人に「何を課題だと感じていますか？」と尋ねるわけではない、ということです。

「スカイマティクスが見ているのは、**10年後にこの業界のお客さまにとって何が課題になるのか**ということです。社内では、『未来の課題を解決する』といっています。ですから売る相手は誰かといえば、『10年後の農家さん』です」

すでにユーザーが課題だと認識していることであれば、それを解決しようとサービス開発に挑む人はたくさんいます。大手企業やほかのスタートアップ企業も当然、参入してくるでしょう。しかしユーザーもまだ認識していない「未来の課題」であれば、顕在化していないためコンペティターはいません。早期に社会実装に向けたテストを重ねることができれば、市場の成立と同時に圧倒的なシェアを持つ可能性がぐっと高まります。

テクノロジーをサービスに落とし込もうとして未来を思い描くとき、それが単なる絵空事になっているケースは少なくありません。この点、スカイマティクスが業界の人を巻き込んでヒアリングを重ね、論理的に考えることで「時間の経過と共に顕在化するであろうニーズ」を探り、そこにフォーカスしていることは重要なポイントといえます。

「未来の課題を解決する」という目で見れば、スカイマティクスが持つ技術を活かして展開できるサービスのアイデアの種は、業種を問わず無数にありそうです。

「きつい、汚い、危険」を「快適、効率的、かっこいい、稼げる」に

渡邉さんはスカイマティクスを起業するとき、**「社会を黒子として支えている人たちを、自分が黒子になってテクノロジーで支える」**と決めたといいます。

「大学卒業後、私の周囲では食品会社やコンビニ業界に就職した人がたくさんいました。しかし農家に行きたいという人はいませんでした。農家さんが作物をつくってくれるから加工食品があり、外食産業があり、中食がある。それなのに農家になりたいという人がいないんです。同じように、不動産デベロッパーで働きたい人や不動産会

社で働きたい人、ゼネコンで働きたい人がたくさんいる一方で、測量会社に行って測量士になりたいという人はほとんどいません。しかし測量士が存在しなければ地形の測量はされず、不動産開発はできないわけです。素晴らしい社会インフラは裏で黒子の人たちに支えられていますが、その黒子の仕事は人気がない。それはなぜかといえば、全部3Kだからなんです」

「きつい、汚い、危険」な3Kの仕事をしたいという人が少ないのは当たり前です。しかしこれら黒子の人たちの存在がなければ、世の中は成り立ちません。そこで渡邉さんは、テクノロジーの力でこういった業界を支え、「快適で効率的でかっこよくて稼げる、4Kの業界にアップデートしたい」と語ります。

その視線の先には、世界があります。「世界中の社会インフラを支える黒子の人たちを自分が黒子になってテクノロジーで支えるのだ」という思いが、スカイマティクスの軸になっています。

スカイマティクスが農家向けにリリースしているサービスは500円、1000円といった価格で提供されています。これはテクノロジーを社会実装するための戦略であると同時に、スカイマティクスの理念を具現化した結果でもあります。

「お金があればスマート農業やスマート建築が可能になるのに、**お金がないからといってテクノロジーの恩恵が受けられない世界はおかしい。**価格であきらめる必要がなく、やろうと思えばやれる選択肢を用意するのが起業家のすべきことだと思っていますし、そこは大事にしています」

小さな農家でも費用負担を気にすることなく手軽に導入できるようなサービスを提供できれば、有用なテクノロジーは着実に世の中に広がり、社会実装されていくでしょう。月額５００円で利用できる「らいす」アプリを使うためだけに70代、80代の農家の人たちがガラケーからスマホに変えているというエピソードは象徴的です。

そしてこのような戦略は、**ＧＡＦＡＭのやり方とも重なります。**ＧＡＦＡＭの成功は、零細な個人消費者を世界中から集めることによってもたらされたのです。

渡邉さんに初めて会ったとき、彼は「私たちのサービスは産業版『Ｇｏｏｇｌｅマップ』になります」と語りました。「いろは」は農業版Ｇｏｏｇｌｅマップであり、「くみき」は建設版Ｇｏｏｇｌｅマップというわけです。

渡邉さんはいいます。

「ロシアの宇宙飛行士ユーリイ・ガガーリンは、初めて宇宙から地球を見て『地球は青かった』といいました。この言葉から『青い地球を守らなければならない』という地球環境保護の概念が生まれたといわれます。このように、空からの視点を通じて認知的なシフトが起こり、人生観や未来観が大きく変わる現象を『オーバービュー効果』といいます。スカイマティクスは、常に空からの視点を通じて、その産業の未来観や経営観そのものがガラリと変わるような領域でサービスを提供し、『オーバービュー効果』をもたらしていきたいと思っています」

私は、スカイマティクスは産業界のＧＡＦＡＭのような企業に成長する可能性を持っていると思っています。そしてスカイマティクスのサービスが実装された社会を思い描くとき、その未来はとても明るく希望に満ちていると感じるのです。

ここ！

「10年後の課題」を見据え、零細事業者が導入しやすい価格帯で市場をつくる

CASE

世界のプログラミング教育を変える
――しくみデザイン

男女関係なく子どもが夢中になる「スプリンギン」

私がテクノロジーの社会実装という観点で期待を寄せ、個人で投資している企業をもうひとつ紹介しましょう。

しくみデザイン社は「みんなを笑顔にするしくみをデザインする」ことを企業理念に掲げ、ユーザー参加型コンテンツのパイオニアとして実績を重ねてきた会社です。目下注力しているのは、タブレットでプログラミングを学べるアプリ「スプリンギン（Springin')」。このアプリは文字を一切使わず、自分が描いた絵を画面に置いて動かしながら簡単にゲームやアプリなどのプログラムがつくれるもので、子どもは楽しく遊びながら直感的にプログラミングを学ぶことができます。

スプリンギンを開発したしくみデザイン代表で芸術工学博士の中村俊介さんによれば、アプリの名前は英語のSpringの現在進行形Springingからきたもので、Springの「泉、命が湧き出る、生命の源」「バネ、動き出して跳ね回る、動き出す」「春、命の芽吹く季節」という3つの意味が示すように「自分の描いた絵に命を吹き込む道具」として開発されたそうです。

一般にプログラミングというと、難しいプログラミング言語を駆使して文字を画面にたくさん打ち込むというイメージを持つ方が多いのではないかと思います。絵を描いて動かしていくアプリと聞くと「それでプログラミングを学べるのか」と疑問に思う人もいるかもしれません。

しかし近年、文字を打ち込んでプログラミングする「コーディング」はAIなどの新しい技術によって必要性が薄まってきており、「ローコード」「ノーコード」といわれるような**コーディングをほとんど必要としないプログラミング手法**が広がっています。そのような時代背景も踏まえ、中村さんは何よりも「自分が思い描いたゲームやアプリを簡単につくり出せる」ことを大切にしたといいます。スプリンギンは、プログラミングの本質を体感しながら、子どもたちが楽しく探究・創造・表現する習慣を身につけ、クリエイティブに作品を生み出すためのツールとして開発されたのです。

私が中村さんからスプリンギンについて詳しく話を聞く中で「これは素晴らしい」と強く感じたのは、男の子も女の子も同じようにスプリンギンに熱中するという話です。

一般社団法人情報サービス産業協会の「情報サービス産業基本統計調査」（2020年版）によれば、ＩＴエンジニアのおよそ8割は男性が占めています。プログラマーのような理系の仕事は男性向きだと思い込んでいる人は少なくないように思いますが、実際のところこのような差が生じてしまうのは、「プログラミングは男性のほうが向いている」**「女性は文系のほうが得意」といった世間のバイアス**の影響が大きいといわれます。子どもの頃から男女関係なく夢中になれるアプリでプログラミングを学べれば、そういったバイアスから解き放たれる子どもたちが増える可能性があります。

スプリンギンには作成したゲームやアプリを公開できる機能があるのですが、実際に公開されている作品の作者には男女の偏りがなく、およそ半々だといいます。適切なツールさえあれば、女性か男性かは関係なく、子どもたちがどんどんプログラムをつくっていくのだということをスプリンギンは証明しているのです。

スプリンギンの可能性を感じる点はほかにもあります。発達障害のある子どもがスプリンギンにハマり、創造的な作品をつくるケースが多く見られるのです。スプリンギンを使うことで「学校に行ったり勉強したりするのが楽しくなった」という子どももいるといい、今後は発達障害のある子ども向けの教育で中核に据えられることになるかもしれません。

スプリンギンは、一切文字を使わないビジュアルプログラミングで作品をつくることができます。文字を読めない幼い子どもでも遊べるのはもちろん、言語の壁がないため、**英語圏でも中国語圏でも関係なく使える世界で勝負**できるアプリです。

教える人は知識ゼロでいい

プログラミング教育は2020年に小学校で必修化され、2021年には中学校の技術・家庭科でプログラミングの内容が拡充されました。2022年からは高校で

「情報Ｉ」が必修科目となります。

子どもたちが当たり前にプログラミングを学ぶ時代に突入した今、課題となっているのは、**誰がプログラミングを教えるのか**ということです。教師たちのほとんどはプログラミングを学んだことがないのですから、**教育現場が困る**ことは容易に想像できます。

この点スプリンギンが優れているのは、プログラミングの知識がない教師でも授業を行えるよう、小学校や塾などの教室向けパッケージ「スプリンギン クラスルーム（Springin' Classroom）」が用意されていることです。そもそもスプリンギンは、初めてプログラミングを学ぶ子どもでもオリジナル作品を自由につくれる機能を備えています。教師はパソコンを操作したりプログラミング言語を学んだりする必要がなく、スプリンギン クラスルームのカリキュラムにそって授業を実施すればよいのです。

スプリンギンによって日本の幼い子どもたちがプログラミングを身近に感じられるようになることは、中長期的に日本全体の「ＩＴ力」を上げていくことにつながるでしょう。現在、ＤＸを推進する人材の不足が日本全体の重い課題になっていますが、

10年後、20年後に社会で活躍する人たちは当たり前にプログラミングの概念を身につけて使いこなせるようになっているのではないかと思います。

マルチプラットフォーム対応で教育現場の採用に光明

当初、スプリンギンはｉＯＳ版のみで展開していたため、ｉＰａｄが導入されていない教育現場では採用が難しいという問題がありました。ｉＰａｄを導入している学校は私立が多く、公立の小学校で使われているのはほとんどがクロームブックです。このため、私立校を中心に採用実績を積み重ねていくことになりました。

２０２１年秋のアンドロイド版のリリース、そして２０２１年度中に予定されているクロームブック、ウィンドウズ対応でマルチプラットフォーム化が進み、今後は普及が加速するのではないかと期待しています。しくみデザインが本社を置く福岡県では、県が出している指導案にもスプリンギンが掲載されており、全国にこの流れが広がる可能性は十分にあります。

社会実装のために必要なもの

しかし本章で強調しているように、どんなに素晴らしいテクノロジーであっても、それがうまく社会実装されるとは限りません。**「いいものだったら自然に受け入れられるのではないか」などと期待すべきではない**のです。

学校の教育現場への実装のためには、特に「関係者のセンスメイキング」には力を入れる必要があります。学校教師や教育委員会に「スプリンギンを導入しよう」と思ってもらうには、地方自治体のトップや教育委員会、地域で発信力のある校長などに片っ端からアプローチしていくしかありません。

関係者のセンスメイキングは、ときに入り組んだダンジョンの中を苦闘しながら進むような大変さがあります。起業家には、ダンジョンの中をさまよい続けてもへこたれない耐久力と、ダンジョンを攻略していくことに面白さを見出せる力が求められます。また、ダンジョンの仕組みをよく知っている水先案内人の存在も重要です。「その案件なら、まずこの人に会って話してみましょう」と紹介してくれるような強力な人脈を持つ水先案内人を見つけること、その人に「協力したい」と思ってもらえる人間的なチャーミングさや謙虚さも起業家には必要です。

そして今、中村さんは素晴らしい水先案内人と一緒にダンジョンを攻略しようと奮闘しています。スプリンギンの社会実装が本格化するのも、きっともうすぐです。

ここ!

性別・年齢・言語の壁を越えた、世界で勝負できるプログラミング学習アプリの展開

さらに進化するアフターコロナの「暮らし方×働き方」

第2章

働き方や暮らし方のメガトレンド

コロナ禍前に在宅ワーク体制づくりをスタート

「世界を襲ったコロナ禍をきっかけにテレワークが普及し、働き方改革もこれまで以上のスピードで進まざるを得なくなる」「自宅で過ごす時間が増え、ライフスタイルへの考え方も大きく変化している」――2021年現在、このような見立てはさまざまな場面で聞かれます。その一方、「変化は一時的なものであり、いずれコロナ禍が収束すれば人々はまた会社に毎日通勤する生活に戻る」という意見を持つ人もいます。

働き方や暮らし方のメガトレンドは、どちらを向いているのでしょうか？

私自身は、新型コロナウイルス感染拡大が始まるよりずっと前から、「テレワークの普及が進む」「仕事をする場所の制約がなくなり、多拠点生活をする人が増える」と言い続けてきました。２０１９年5月に執筆した「マネー現代」のウェブ連載でも「『都心部でなければ仕事がしづらいから』といった理由で大都市に住んでいる人も、インターネットさえあればテレワークも可能ですし、これからはその場所だけに縛られることなく複数の拠点を持って生きることを考えられるようになる」と書いており、実際にコロナ禍前から東京と神奈川県逗子市の２拠点生活を始めていたのです。

5Gの普及によって働き方や暮らし方が変わることは間違いなく、コロナ禍はその変化を早めただけというのが私の考えです。

実は、私が経営するレオス・キャピタルワークスでは２０１９年から「誰でも在宅で働けるようにする」ことを目指して体制づくりをスタートしていました。コロナ禍のことなどまったく予想していませんでしたが、５Gの普及、そしてこれからの働き方がどうあるべきかを考え、「社員が会社の近くに住んで毎日出勤することが本当に必要なのか」という問題意識を強く持っていたからです。

制度が時代に合っていない

私が新卒で入社した会社の寮は、千葉県の非常に交通の便が悪い場所にありました。南柏駅までバスに乗り、そこから柏駅に戻って上野駅に出て、銀座線に乗り換えて日本橋まで通う……という通勤ルートだったのですが、その長い長い通勤時間の間、私がずっと思っていたのは**「楽しそうな顔をしている人がいない」**ということでした。

満員電車にぎゅうぎゅう詰めで、鬼のような顔つきになっている人たちを見ているうちに、私は「こんな生活を30年も40年も続ければ、クリエイティビティがゼロになる」「満員電車から早く脱却したい」と考えるようになりました。

その後は少しでも通勤の苦痛が緩和できるよう、都心方面に住む場所を変えていきました。満員電車からやっと解放されたのは大学卒業から6年半後、外資系の運用会社に転職して会社のすぐ近くに住めるようになってからでした。

もちろん、その後も通勤ラッシュの時間帯に電車に乗る機会は何度となくあり、満員電車に乗るたびに私は「みんな人生の終わりのような顔をしているな」と感じていました。

ですから、独立して会社を経営するようになると、「自社の社員にはなるべく通勤ラッシュの苦しみを味わわせたくない」と考えるようになったのです。

最初に行ったのは、コアタイムなしのスーパーフレックスタイム制度の導入でした。いつでも好きな時間に出社・退社してよいことにすれば、ラッシュを避けて通勤できるので無駄に疲弊することを避けられますし、たとえば子どもを保育園に送ってからゆっくり出社したり、早めに退社して迎えに行ったりというように自由に時間を調整できます。

しかし、これでは足りませんでした。

そう気づいたきっかけは、ある社員のお母様が倒れ、「介護が必要になったので長崎県に戻らなければならない」という理由でその社員が辞めざるを得なくなってしまったことでした。

とても優秀な社員だったので「もったいないな」と感じるのと同時に、「こういったライフステージの変化は誰にでも起こりうる。それに合わせて会社側が柔軟に変わらなければならないのではないか」と思い至ったのです。

結婚、出産、育児、介護など、ライフステージの変化に伴うさまざまな事情により、働く人が仕事との両立に苦労することはそれまでにも多くありました。これは、コロナ禍ともテクノロジーの進化とも関係なく起こりえることです。

従来の日本社会では会社側はそのようなライフステージの変化に対する配慮が足りておらず、そのしわ寄せはすべて家庭に向かい、多くの場合は女性が引き受けてきたといえます。

本質的な問題は、企業の硬直的な雇用体制が人間本来の自然なライフステージの変化に合わせられていないことにあります。男女が共に働くという時代になったのにもかかわらず、**雇用体制は専業主婦家庭を前提としたライフスタイルに最適化されたまま**。制度が時代に合っていないのです。その結果、日本全体で起きているのが少子化という重い問題なのだと思います。

「意識」「制度」「技術」。3つの壁を乗り越える

社員のライフステージの変化に対応するには、会社の雇用体制を変える必要があります。2019年、レオスでは「在宅ワークができるようにして、働く場所と住む場所が必ずしも近距離でなくてもよいようにする」ことを目指して動き始めたのです。

在宅ワークを導入しようと検討してわかったのは、「意識」「制度」「技術」という3つの壁があるということです。

この中で**意外に高い壁は「意識」**です。働くということに対する固定観念は強く、「通勤という儀式を行い、みんなで密になって集まり、その中で行われるのが仕事である」「リモートで作業することは仕事とはいえない」という仕事観を持っている人は少なくありませんでした。レオスのようなベンチャー企業でも意識改革は簡単ではなく、在宅ワーク導入はトントン拍子には進みませんでした。

これは第1章で述べた**テクノロジーの社会実装の問題とも密接にかかわる問題**で

す。在宅ワークを可能にする技術が進歩しても、それに対して経営陣や社員が「これまでの仕事観を捨て、働き方を大きく変えていく」という強い意志を持たなければ、在宅ワークの実装は進まないのです。

次に立ちはだかったのが、「制度」の壁でした。会社としては、在宅ワークにおける業務を明確化し、また在宅ワークに関する規定を整備して、それらを遵守しながら導入を進めていくことが求められます。特に昨今ではコンプライアンスが重視される中、制度の整備なくして在宅ワークの導入はできません。

しかしいざ制度の見直しに着手すると、話は簡単ではありませんでした。あらゆる制度が、社員が出勤して同じ空間で一緒に働くことを前提として設計されていたからです。就業規則やセキュリティのあり方、上司と部下とのコミュニケーションの取り方、また在宅で仕事をする社員を評価するための人事評価制度をどうすべきかなどを根本的に見直し、議論しながら制度をつくっていくことになりました。

「技術」の壁は、在宅ワークを実現するにあたり、テクノロジーを活用していかにストレスなく多くの人とコミュニケーションができるか、業務効率を上げていけるかを考える必要がありました。

こうして準備を進め、２０１９年12月頃には、約10名の社員が実験的に在宅ワークをスタートしていました。

そのような中、日本をコロナ禍が襲いました。２０２０年1月にダイヤモンド・プリンセス号の問題が起き、2月には日本国内でも新型コロナウイルスの感染が広がり始め、4月には東京を中心として緊急事態宣言が発出されるに至ったのです。

レオスでは、2月17日から新型コロナウイルス対応を実施しました。「業務内容に応じて、可能な限り在宅テレワークを実施すること」としたほか、国内外でのミーティング、アポイントメント等の可能な範囲でのリスケジュールや電話もしくはオンライン会議実施への振り替えなどを行ったのです。

ＧＭＯインターネットグループや楽天グループなどはレオスよりも早く在宅ワークに踏み切ったのですが、おそらく以前から「意識」「制度」「技術」について対策を考え、準備を進めていたのではないかと思います。

一方、緊急事態宣言の発出でステイホームを余儀なくされたとき、一部の大企業では大混乱が起きていました。意識も制度も変革できておらず、当然テクノロジーの準備もない中、在宅ワークといいながら、実態としては自宅で待機しているだけになってしまった会社が多かったようです。

コロナ禍で明白になった日本社会の課題

このような状況の中、私たちは、**これまで見て見ぬ振りをしてきたことを正面から見つめる必要に迫られる**ことになりました。

ビジネスの場面では、仕事をするには出勤して「密」になることが必要だと考えられてきましたが、私はこの考えが根本的に間違っていたのではないかと思っています。会社で働く人同士は、原則として「触れるべきではない相手」です。一緒に働いている人を触ったり抱きしめたりすれば、セクハラ・パワハラになります。

一方、家族というのは本来「触れるべき相手」です。ところが会社に勤めていると必要なはずの家族との触れ合いは非常に少なく、朝や夜に短時間しか会うことができないのが一般的でした。

家族との触れ合いを犠牲にしながら、オンラインで意思疎通すれば十分に足りる人たちが密になって仕事をしていることは、よく考えれば「異常」な状態です。必要もないのに長い時間を一緒に過ごせば、セクハラやパワハラも起きるだろうと思うわけです。

社員の評価についても、日本企業では「近くにいれば何となく頑張っている様子がわかる」ということを前提に行われてきたように思います。

いわゆる「メンバーシップ型」の働き方では、社員一人ひとりがどの業務を担うのかがあいまいなまま、「仲間としてそこにいる」ことこそ重要であると考えられてきました。しかし人事評価は「ジョブディスクリプション型」で期待される業務を明確化し、それをどう遂行し結果を出したかを見て行われるべきであるはずです。

コロナ禍でテレワークが急激に進み、「近くで何となく社員の様子を見る」ことができなくなったとき、これまでのようなあいまいな人事評価の方法は通用しないでしょう。

本来あるべき姿に近づいている

これまで多くの人にとって、生活は仕事を中心に回っており、勤務先で働く時間が「主」、家庭で過ごす時間は「従」でした。しかしステイホームといわれるようになり、この主従関係は逆転しました。

都心部では、多くの人が苛烈な通勤ラッシュから解放される一方で「家族そろってどう一日中過ごせばいいのかわからない」「自宅では集中して仕事ができる環境がない」といった問題が生じました。そして「在宅ワークができる環境を整えたい」「家族の時間を充実させたい」といったニーズが高まった結果、ホームセンターがにぎわい、家具がよく売れ、食品スーパーも非常に好調でした。

しかし改めて考えると、そもそも家を快適にして家族の時間を充実させるということは**「コロナ禍と関係なく、もっとお金を使うべきだった部分」**ではないかと思います。つまり、コロナ禍によって本来あるべき姿に近づいている面があるわけです。

私自身も、このコロナ禍をきっかけに大きく働き方を変えました。

先に触れたように、私はもともと東京と逗子の２拠点生活をしていたのですが、在宅ワーク中心になると東京に行く理由は少なくなっていきました。逗子は空気や水がきれいで、地元でとれる野菜や魚も美味しく、生活はとても豊かです。犬を飼い始めて一緒に散歩したり、仕事の合間に妻とランチを食べたりする生活をしているうちに、東京の会社で過ごす時間を中心にした生活と逗子の家で過ごす時間を中心にした生活のどちらがより人間的なのかは自ずと明らかになりました。

豊かなプライベートを楽しみながら仕事をする生活になると、生産性も上がりました。その結果、私が運用する投資信託「ひふみ投信」の成績は好調で、「Ｒ＆Ｉファンド大賞２０２１」の投資信託10年部門で優秀ファンド賞を受賞することもできました。

結局、**私は東京の家を売却し、完全に逗子に移住**するという決断をすることになったのです。

私だけでなく、社員にも引っ越しをした人がたくさんいます。都心から郊外に移った人もいれば、駅前の賃貸マンションを引き払い、駅から少し距離がありバスを使う必要がある「バス物件」に引っ越して、今までより広く部屋数の多い物件に住み始めた人もいます。現在は、新卒入社の社員から取締役まで、兵庫県や北海道など全国各地に住みながら働いている人がいる状況です。

ワークとライフ、公私の区別は薄れていく

もともと日本の社会には、さまざまな矛盾や問題点がありました。それがコロナ禍で一気にふき出したことで、今後はその**矛盾を無視できなくなり、大きな変化が起きていく**でしょう。そして5GやＡＩなど、身近なところでさまざまなテクノロジーが進化し、変化は加速していくはずです。

このようなメガトレンドの中で何が起きるのかというと、私は「公私混同」が進むのではないかと見ています。

これまでは、「公」の世界と「私」の世界は分けるべきだという考えが主流でした。仕事は職場でやって家ではプライベートな時間を過ごすべきだということを「当たり

前だ」と捉えている人は多いでしょう。コロナ禍によってテレワークの導入が進んだとき、受け入れがたいと感じた人が少なくなかったのは、**公私が混然一体となった新たな世界**への抵抗感によるものではないかと思います。

しかし今後、場所を問わず仕事をする人が増えることで、公と私の境目は必然的に薄れていくことになりそうです。

第1章で紹介したスカイマティクスの渡邉さんは、「ワーク・ライフ・バランスという言葉は嫌い」と語ります。ワークとライフをバランスさせるというと、どうしても「50対50」というイメージを持ちがちですが、渡邉さんは「仕事も遊びも１００でいたいし、社員にもそうあってほしい」と考えているのです。

そこでスカイマティクスでは、働き方そのものを変えることにチャレンジしています。渡邉さんは社員に向けて「自分がもっともクリエイティビティを発揮できる場所で働いてほしい」と伝えており、自分自身も場所をさまざまに変えながら仕事をしています。

スカイマティクスの本社は東京・日本橋にありますが、渡邉さんが製品の設計を行うときは常に京都で仕事をしているといいます。それは、渡邉さんがもっともクリエイティブになれて設計業務が進むのが京都だからです。

「2021年5月にリリースしたクラウド型地図表現自動化サービス『SEKAIZ』のアイデアを思いついたのも京都の町家にいたときで、コードもほとんど京都で書きました」（渡邉さん）

社員たちも、仕事をする場所は一定ではなく、皆さんバラバラにいろいろなところで働いているそうです。

また、スカイマティクスでは社員が発想を変えることを応援するためにワーケーションも推奨しています。社員が自腹で地方に滞在しながら仕事をするのは限度もあるため、チームごとに合宿のような形で地方に行って働く制度「スカイマティクスキャンプ」を設け、費用はすべて会社で負担しているといいます。

自宅やバカンス先など、オフィス以外の場所が仕事場になるという流れの一方、**オフィスそのもののあり方も変わる**ことになるでしょう。

レオスでは、未来のオフィスのあり方を考えて抜本的に変えていくプロジェクトをスタートしていますが、このオフィス変革プロジェクトのキーワードも「公私混同」です。

従来は「仕事は職場に行って仕事仲間とやり、家に帰ったら仕事のことは考えずにプライベートな時間を過ごす」というように公私が切断されていましたが、コロナ禍をきっかけに家というプライベートな場所に仕事が入ってくることになりました。それではオフィスはどうあるべきかと考えると、プライベートの中に仕事が入ってきたのと同じように、オフィスの中にプライベートが入り込み、場所を問わず快適に働きながら暮らせるようにするのがよいのではないかと考えているのです。

たとえば、プロジェクトの議論の中で私たちがイメージしている新たなオフィスは、ひとりでこもって作業したりオンラインミーティングができたりする個室のブースがたくさんあるほか、もちろん社員が集まれる会議室もあります。ほかのスペースは、公園や図書館になるようなイメージです。土日も開いていて自由に出入りできるオープンな場所で、そこにはおしゃれなカフェもあるかもしれません。公園のような場所ですから、もちろん家族で来ても構いません。**「家族で会社に遊びに行こう」「ペットを連れて行ってのんびりしよう」といったオフィスの使い方**もありうるかもしれません。

もちろん、場所を問わず公私混同で働きながら暮らす場合、仕事のパフォーマンスをしっかり測定する必要があります。これまでのように「会社にいる時間＝仕事をした時間」と見なすやり方では何も測定できなくなりますから、「公私混同」と「仕事の成果にフォーカスして評価する仕組み」はセットです。

もっとも、私はこの「公私混同」の考え方があらゆる企業で起きるとは考えていません。10年後、20年後には、はっきり公私が区別される会社もあれば公私混同の会社もあるという状況になっているのではないかと思います。働く人が自分の生き方、考え方、パフォーマンスの上げ方や個人の事情などに基づいて**「公私混同の程度」を選択できるようになれば、働き方や生き方の多様化**が進みます。

そして、働き方や暮らし方の多様化が進むにつれ、それを裏で支えるテクノロジーが次々に登場して発達していくはずです。

働き方でいえば、情報共有、コミュニケーション、チームビルディング、意思決定などのための新たなツールが今まさに次々と登場していますが、この流れはとどまることなく、今後も激しい競争が続くでしょう。暮らし方についても、「住む場所はひとつに固定されているものだ」という常識にとらわれない、新たな住まい方を提供するサービスはすでに登場しています。

新たな住まい方や働き方について思考を深めれば、その中には非常に大きなビジネスチャンスが見えてきます。変化を捉えてサービスを提供できる会社が大きく伸び、その価値を高めていくことは間違いありません。

CASE

多拠点生活サービスで空き家問題を解消し地域を活性化する――ADDress（アドレス）

月4万4000円で全国どこでも住み放題に

私の投資先の中で、新たな住まい方と働き方というテーマに取り組んでいる企業のひとつがADDress（アドレス）です。

ADDressは月額4万4000円で全国180カ所以上（2021年8月時点）の物件に住み放題になる「多拠点居住サービス」を展開しています。敷金や礼金は不要で、月額利用料には光熱費なども含まれており、物件には家具や家電、食器などもすべて準備されていますから、**手荷物ひとつ持っていけばどこでも暮らせる**のです。

ADDressの物件は北海道から沖縄まで47都道府県にあります。ワーケーションしたい場合も、テーブルや椅子が備えつけられた個室があり、光回線を利用できるので快適に仕事をすることができます。

ＡＤＤｒｅｓｓ社長の佐別当隆志さんは、不動産賃貸業や建築業界の出身ではなく、もともとＩＴ企業からキャリアをスタートしています。２０１６年から「シェアリングエコノミー協会」という業界団体で事務局長を務め、全国にシェアリングサービスを広げる役割を担ったことが、**シェアリングエコノミーの究極の形**ともいえるＡＤＤｒｅｓｓのサービスにつながっていくことになりました。

ＡＤＤｒｅｓｓの創業は２０１８年11月。２０２０年以降はコロナ禍によりテレワークが普及し、ワーケーションという言葉もいっそう注目を集めるようになって、会員数も物件数も大きく伸ばしています。

ユーザーと地域住民をつなぐ「家守（やもり）」

ＡＤＤｒｅｓｓの面白さは、それぞれの物件に「家守（やもり）」と呼ばれる人がいるところにあります。

家守は家の管理をしながら会員とコミュニケーションして生活をサポートし、地域の人々と会員の架け橋にもなります。つまり、ＡＤＤｒｅｓｓユーザーと地域住民にとってのハブ役を担っているわけです。

私が暮らす逗子にも、絶景が味わえる断崖傾斜地の中腹にＡＤＤｒｅｓｓの物件があります。そこの家守は、漁師さんです。あまり知られていませんが、逗子には豊かな漁場と小坪港という港があります。そこで働く野外研修ファシリテーターで漁師さんでもある人が家守をしているので、ＡＤＤｒｅｓｓで逗子の物件を利用すると漁師体験もさせてもらえます。朝早く起きて漁に出て、お昼前に戻り、釣った魚を焼いてランチにしながら仕事をする――といったライフスタイルが提示されているのです。

家守には83歳のおじいさんから20代の学生までさまざまな人がいます。佐別当さんによれば「ホスピタリティが高く魅力的な方が多いので、会員さんの中には家守さんに会いたいからとリピートする人もいる」そうです。

ホテルや旅館に泊まってもなかなか地元の人と交流して親しくなる機会はないものですが、ＡＤＤｒｅｓｓでは家守の人と仲良くなったり、家守の紹介で地元の人とつながってイベントにかかわることになったり、現地での仕事が見つかったりということが起きています。「人」を目的に何度も同じ物件を利用し、その地域に通うようになる人も少なくありません。

ＡＤＤｒｅｓｓの魅力は「定額でさまざまな場所に暮らせる」ということだけではなく、**人との出会いや交流が生まれる**点にもあるといえるでしょう。

ＡＤＤｒｅｓｓはシェアハウスになっており、個室を使えますがリビングやキッチンはほかのユーザーと共用するスタイルです。このため、会員同士が一緒にごはんをつくって食べたり山登りに出かけたりといった交流が生まれやすく、そういったつき合いを通じて親しくなるケースも多いといいます。

ＡＤＤｒｅｓｓは、**コミュニティとしても高い価値を提供**しているわけです。

コロナ禍で会社員の利用者が増加

ＡＤＤｒｅｓｓをワーケーションで利用するユーザーは多く、会員の８割以上は「平日に仕事で使いたい」と考えているそうです。

会員は20～40代が多く、男女比を見ると女性が４割近くを占めており、佐別当さんは「若く感度の高い方たちが**多拠点生活を憧れのライフスタイル**として選んでいる」と説明しています。また、コロナ禍での大きな変化としては、会社員の会員が増えたことが挙げられます（図表２－１）。

「コロナ前は自営業者やフリーランスの会員が多かったのですが、コロナ後はリモートワークをしながら多拠点生活をする会社員の方が増加しました。現在、会員の属性としてもっとも多いのが会社員で、４割以上を占めています。ＩＴ系の会社や従業員数３００人未満ほどの規模の会社など、変化に対する動きの早い会社で働いている方が多い印象です」（佐別当さん）

先ほどの「公私混同」という見方から考えると、住む場所を柔軟に変え、地域の人たちに溶け込んで生活を楽しみながら仕事をするという、まさに「公私混同」できる場所がＡＤＤｒｅｓｓなのだといえます。

移動して場所を変えて働くことは脳を活性化させ、新しいアイデアが生まれやすくするともいわれます。ＡＤＤｒｅｓｓで公私混同しながら多拠点居住を楽しむこと

[図表2-1] **ADDressの会員分析**

●年代／性別

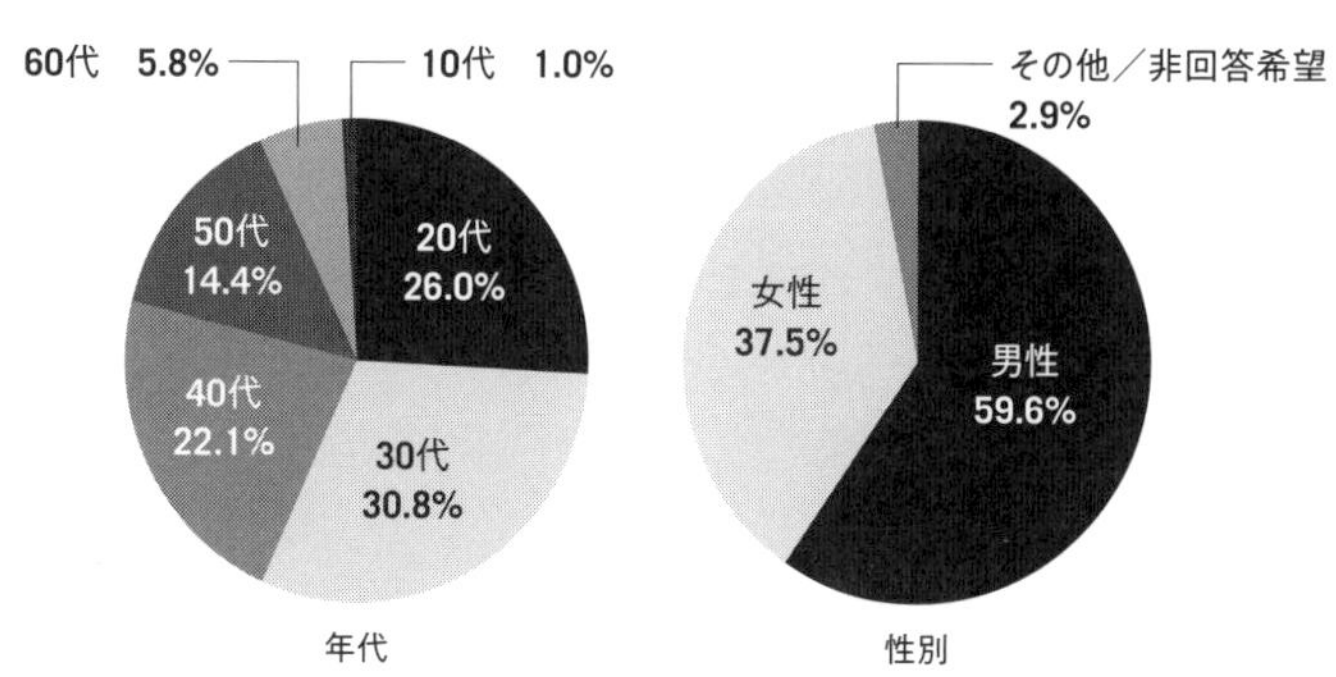

20〜40代で約8割。50代以上が約2割。男女比は6：4

●職業分布

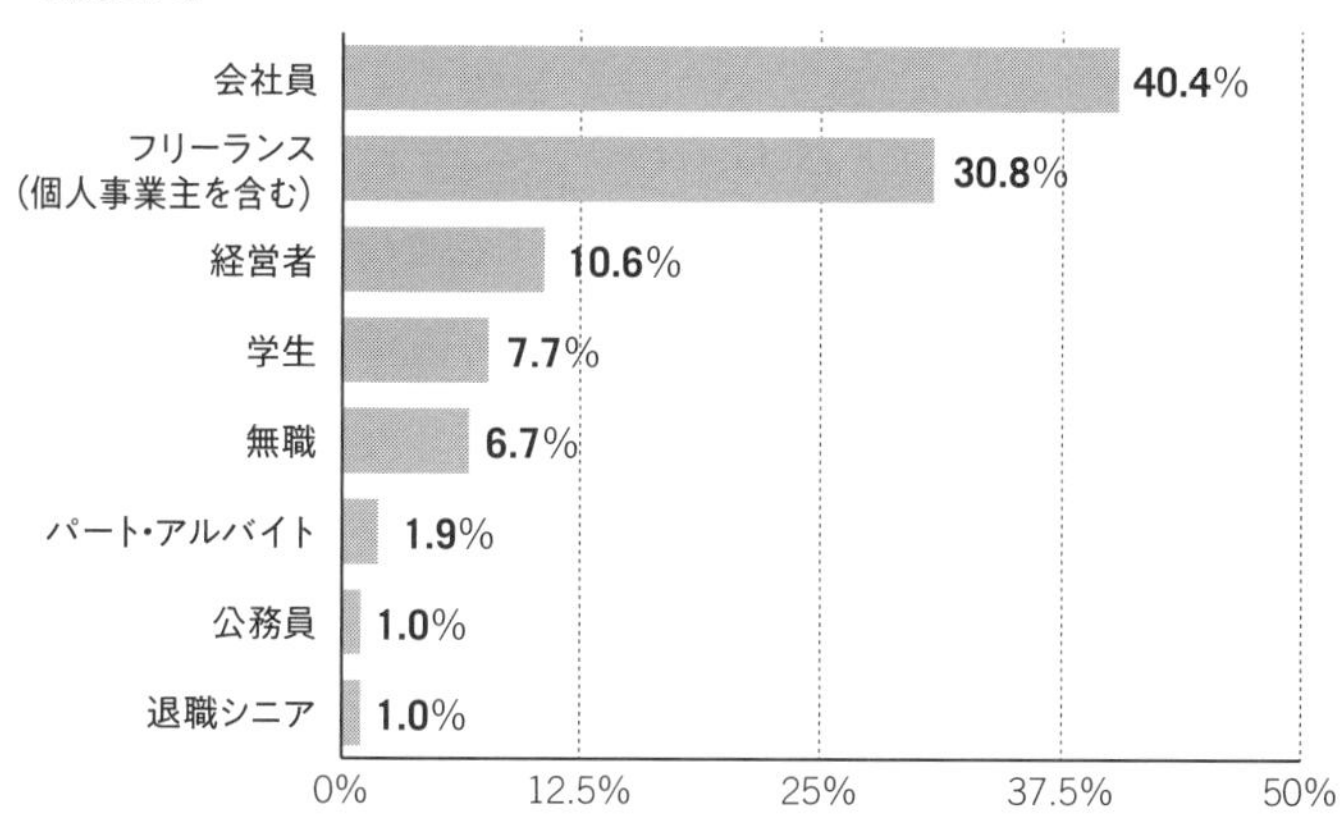

コロナ以後は会社員の会員がフリーランスを抜いて最多に

出所）「ADDress多拠点生活利用実態レポート2021年版」

で、より稼げるようになる人も増えるかもしれません。

空き家という「穴」を発見

私が投資家として数多くの起業家を見てきて思うのは、新たなビジネスは目新しいアイデアによってつくられるのではなく、**「穴を発見し、それを埋める方法を考える」**ことによって生まれているということです。優れた起業家とは、ほかの人が見落としている穴に気づき、それを埋めようとする人だといってもいいでしょう。

ここでいう**「穴」とは、社会課題**のことです。理想と現実のギャップといってもいいかもしれません。**「理想としてはこうあってほしいが、現実はそうなっていない」**というとき、その差分が「埋めるべき穴」となります。

ＡＤＤｒｅｓｓが見つけた「穴」は、空き家の増加です。

現在、全国の空き家は８００万以上もあります（図表２－２）。地方で人口減少が続くことは確実で、今後、空き家が2倍、3倍と増えていくという予想もあります。

［図表2-2］**空き家数および空き家率の推移**（全国／1988年~2018年）

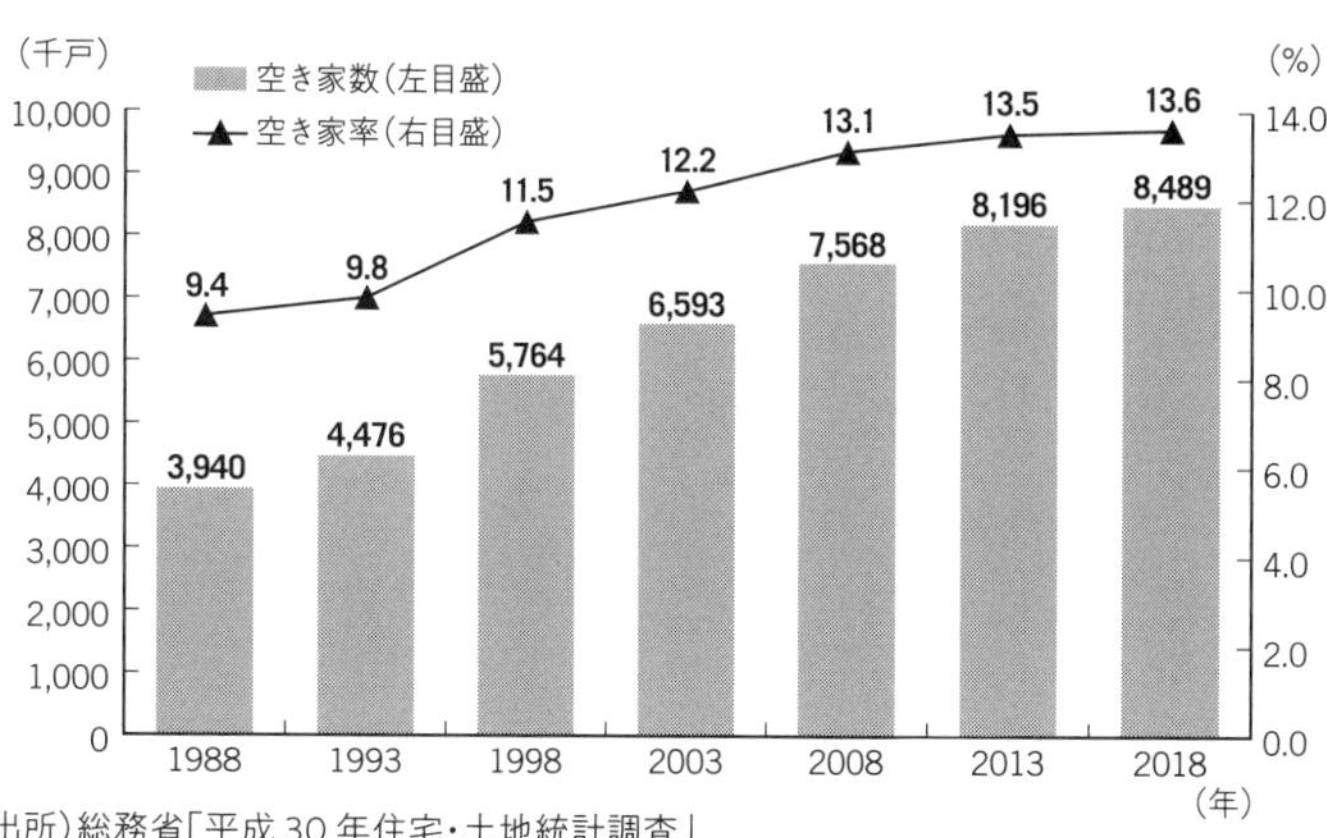

出所）総務省「平成30年住宅・土地統計調査」

かつてはマイホームを買うことを人生の大きな目標にする人がたくさんいましたし、ローンを組んででも家を買えば資産として残せるという考え方もありました。

しかし空き家がどんどん増えていけば、家を持っていても売ることも貸すこともできずに困るケースが増えるはずです。今後は家が資産になるどころか、固定資産税や管理費用がかかるだけの負債になってしまう時代がやってきます。

ＡＤｒｅｓｓは、この空き家という「穴」を**「みんなで使い合う」という方法**で埋めようと考えたわけです。

ＡＤＤｒｅｓｓでは、全国各地の空き家のオーナーに家賃5万〜10万円ほどで賃貸してもらい、それをサブリースという形で会員向けに提供しています。なかなか借り手が見つからない物件であれば、月に5万円でも家賃が入るようになることはオーナーにとって魅力的です。

また、ＡＤＤｒｅｓｓに物件を貸すと、**空き家だったところに人が集まるようになるというメリット**もあります。

過疎化が進んでいる地域であっても、関係人口（その地方にかかわる人の数）を増やせば地域経済を活性化することができます。近年は地方創生においても、居住者を増やすことだけでなく**関係人口を増やす**ことに目を向けて取り組むケースが増えてきました。

空き家をＡＤＤｒｅｓｓに貸すことで会員が次々に訪れて地域の人々と交流するようになれば、物件の付加価値は高まります。オーナーにとって、持て余している空き家を有効活用する方法のひとつとしてＡＤＤｒｅｓｓは有力な選択肢になるでしょう。

空き家の増加や交通のサブスク化が「移動する住み方」を加速させる

多拠点生活は交通費が高くなるという問題がありますが、すでに解決策は登場しつつあります。ＡＮＡが月額３万円で４回まで飛行機に乗れるチケットを実証実験で販売したり、交通のサブスク化が始まっているのです。

また、空き家の増加はＡＤＤｒｅｓｓにとって追い風ともいえます。佐別当さんは「空き家が増えるということは、今後、多拠点居住に活用される品質のいい物件が増えてくるということ」と語り、２０３０年代には空き家が２０００万戸まで増えるという予測のもと、その１％にあたる20万物件を活用できるようなサービスを広げていくことを見据えています。

長期的なユーザーの増加も見込めます。

ローンを組んで将来の負債になりかねないマイホームを買うことや、賃貸マンションを借りて自分がそこにいないときの分も家賃を払うことに違和感を覚える人にとって、「月額4万4000円で複数の地域で暮らす」ことは有力な選択肢になるでしょう。

リクルートが2018年に1都3県の20~69歳を対象に実施した調査によれば、2拠点生活を実施している人は1・3%、2拠点生活の意向を持っている人は14・0%でした。2015年にベルリンで開催されたデジタルノマドカンファレンスでは、2035年には10億人、つまり**世界人口の10%ほどが「移動しながら生活する人」になる**という予測も発表されています。

多拠点居住生活を選ぶ人はマジョリティにはならないまでも、日本の人口を1億人としてその1%、つまり100万人が多拠点生活をするようになるだけでもインパクトは相当のものです。

ここ!

100万人の多拠点生活者

CASE

「外泊した分の家賃が安くなる」新しい住み方を提供する――Ｕｎｉｔｏ（ユニット）

ホテルの空室という「穴」を情報サービスで埋める

私の投資先の中で、新しい住まい方を提案するサービスを展開している会社がもうひとつあります。近藤佑太朗さんという20代の若手経営者が立ち上げたＵｎｉｔｏ（ユニット）という会社です。

Ｕｎｉｔｏが見つけた「穴」は、使われていないホテルの部屋でした。Ｕｎｉｔｏが開発したサービス「ｕｎｉｔｏ」は1カ月を超える長期滞在先を探している人とホテルを結びつけるマッチングプラットフォームです。たとえば、東京駅前の小さなホテルの一室は月12万円ほどで貸し出されており、借りた人はワンルームマンションで暮らすようにそのホテルに滞在でき、清掃サービスなどはホテルに宿泊しているのと同様に受けることができます。「ホテルライクな生活」という表現がありますが、Ｕｎｉｔｏのサービスを使えば**本物のホテル暮らしを満喫**できるわけです。

サービス「ｕｎｉｔｏ」の目玉が「リレント機能」です。

ｕｎｉｔｏで部屋を借りている住人は、自分が旅行に出かけるなどして部屋を使わない間はその部屋を貸し出すことができます。ベッドの下などに荷物を入れられるスペースが設けられているので、借主がそこに自分の荷物をしまってしまえばすぐにホテルとして活用でき、外泊した分だけ家賃が安くなるのです。

このサービスは、ホテルにとっても借りる人にとってもいいことずくめといえます。ホテルの部屋は常に満室ということはなく、土日はだいたい埋まっていても、月～金曜日には空室が多いもの。コロナ禍の中で出張が激減したこともあり、「月～金はガラガラ」というホテルは少なくありません。部屋を定額で借りてもらうことで空室を有効活用できるというだけで、ホテルにとってメリットが大きいでしょう。

一方、借りる人からすると、旅行などで外泊する場合にリレント機能を使って部屋を貸し出せば、その分だけ家賃が安くすみます。実際の手続きはアプリ上で外泊する日数を選択するだけでよく、あとは自動で家賃が割り引かれるのです。たとえば家賃が月々13万円の部屋の場合、月に４日貸し出すと家賃が11万円になるようなイメージです。

実際の利用場面で多いのは、神奈川、千葉、埼玉などに実家がある人が月〜金はｕｎｉｔｏを利用して都心でホテル暮らしをし、週末はリレント機能を使って実家に帰るというライフスタイルです。また、彼氏・彼女がいる人が平日はホテル暮らしをし、週末は彼氏や彼女の家で過ごすという利用も少なくないそうです。

ホテル側からすれば、土日の書き入れ時に部屋がリレントされれば宿泊客を入れることができますから、**ｕｎｉｔｏの利用者のライフスタイルとホテルは相性がいい**ともいえます。

コロナ禍では新たな需要も生まれました。テレワークの普及で出社が週に数日のみになった人が、自宅とは別のふたつ目の拠点としてｕｎｉｔｏを活用するケースが増えているのです。また、コロナを機に家族と一緒に軽井沢などへ転居した富裕層の中には、東京で仕事をする際の拠点としてｕｎｉｔｏを利用する人がいるといいます。ｕｎｉｔｏは**「都心部に拠点が欲しいけれど、いつも使うわけではない」という人**にとって、ニーズにぴったり合うサービスなのです。

このようなサービスはＩＴの進展が可能にしたといえます。

Ｕｎｉｔｏが営んでいるのは**不動産業でもホテル業でもなく、情報サービス業**です。Ｕｎｉｔｏはホテルの空きスペースを探し、ホテル暮らしをしたい人に提供し、住人がその部屋を使わないときはホテルにその情報を提供してホテルとして営業できるようにしているだけ。清掃などの実質的なサービスは、すべてホテルが提供しています。

完全自動運転が働き方と暮らし方を自由にする

面白いのは、ｕｎｉｔｏとＡＤＤｒｅｓｓを組み合わせて暮らしている人が結構いることです。世の中では、月～金は東京のホテルで過ごし、週末はＡＤＤｒｅｓｓを使ってさまざまな地方で暮らすというような「スーパーノマド」がすでに登場しているわけです。

２０３０年、２０４０年の世界を見据えると、働き方や暮らし方を大きく変えるという観点でも**自動運転のテクノロジーが大きな役割**を果たすことになるでしょう。

自動運転車はレベル１からレベル５まであります。レベル１で装備されるのはいわゆる「運転支援」で、車線からのはみ出しを防いだり前の車について走ったり、緊急時に自動でブレーキがかかるという程度のもの。自動運転と聞いて私たちがイメージするような、常にシステムがすべての運転を実施する「完全自動運転」はレベル５となります。

現在、市販車に搭載されているのはレベル１やレベル２までで、レベル５の完全自動運転が普及するにはまだ時間がかかりそうです。しかし**２０３０年頃までにはレベル３、レベル４と完全自動運転に近づいていく**でしょうし、２０４０年にもなれば完全自動運転車があたりを普通に走っているかもしれません。それは「すでに見えている未来」です。

完全自動運転が実現すれば、通勤時間の苦しみがなくなるでしょう。渋滞は大きく減ると考えられますし、運転から解放されれば車の中で動画を見たりオンラインツールでコミュニケーションしたりして自由に時間を使うことができます。

車の形状も大きく変わって、フルフラットシートで寝られるのも当たり前になるかもしれません。「完全自動運転で目的地を設定して夜11時に車で就寝し、翌朝起きたら目的地に着いている」ということになれば、住む場所や働く場所の制約からより自由な社会になることは間違いありません。

ｕｎｉｔｏやＡＤＤｒｅｓｓのようなサービスを使い、移動して暮らしながら働くというスタイルはどんどん広がっていくでしょう。

重要なのは、**10年後、20年後にそのような社会が到来することを想定した上で「自分はどこに住むべきなのか」「どのような働き方をすべきなのか」を考えてみる**ことです。

繰り返しになりますが、ひとつの場所に住むこと、公私を分けることなど、これまで「当たり前」とされてきた前提は今や大きく変わりつつあります。場所を問わず働ここ！

コロナ禍で得た「新たな快適さ」のニーズに応える企業

くことや公私混同は、慣れないうちはやりにくさを感じる面もあったかもしれませんが、その快適さを味わった人もたくさんいるわけです。社会はそのメリットを手放さないでしょう。コロナ禍の中で改めて意識されたコミュニケーションの楽しさや重要性も意識しながら、企業もそのあり方を変えていくことになるはずです。

これからの新たなオフィスの需要に応える企業、新しいコミュニケーションのあり方を提案できる企業、新しい住まい方を提供する企業から、20年後の時価総額上位銘柄が登場する可能性は十分にあります。私はそのような未来が来ると考えているからこそ、ＡＤＤｒｅｓｓやＵｎｉｔｏに投資しているのです。

もちろん、私が探索できている範囲は世の中のごく一部です。今後、私が知らないところからも、「穴を見つけて穴を埋めていく」会社が次々に出てくるに違いありません。

ここがおいしい！③

ダイバーシティは成長の必須要件になる

第3章

ダイバーシティは倫理や道徳だけの問題ではない

経産省「新・ダイバーシティ経営企業１００選」にかかわって見えたもの

私がＥＳＧ（環境、社会、ガバナンス）に専門的にかかわり始めたのは、２０１５年のことです。経済産業省が健康経営銘柄の選定をスタートするにあたり、医師などの専門家と並んでワーキンググループに名前を連ねることになりました。私に声がかかったのは、健康に関するスペシャリストだけでなく、企業経営者であり投資家であるという立場からの意見が必要だと考えられたからでしょう。

「健康経営」という言葉は今でこそ広く認知されるようになりましたが、初めてこの言葉を聞いたときは強烈な違和感を覚えたものです。「健康」と「経営」という言葉は当時はセットで使われることがほとんどなく、その異質な組み合わせは人造人間フランケンシュタインのように感じられたのです。

2017年には、これも経済産業省による大臣表彰「新・ダイバーシティ経営企業100選」の選定委員になり、多様な人材の能力を活かして価値創造につなげ、中長期的に企業価値向上を実現し続ける「ダイバーシティ経営」をしている企業を「100選プライム」に選出する際の選定を担っていました。同じ年に「日経ソーシャルビジネスコンテスト」の委員も務めるようになりましたから、日本で「ソーシャル」や「ダイバーシティ」がどのように進化してきたのか、あるいは進化できなかった部分はどこだったのか、公的な立場からも見つめ続けてきたといえます。

現在ではESGやSDGs（持続可能な開発目標）という言葉を目にしない日はないほどで、企業経営において従業員の健康を大切にするという考え方もずいぶん広がりました。ほんの5、6年ほどの間に社会がどれほど変化したのかを感じます。

一方で、**ダイバーシティについてはまだまだ進化が足りない**と言わざるを得ません。

2020年の100選プライムの審査のときの話です。日本を代表するメーカーの子会社の応募書類を見て、私は「これはいつの時代の話だろうか」と驚きました。**女性の社会参画を進めるための取り組みとしてアピールされていたのが、女性用トイレを増設**したことだったのです。

２０２１年には、客観的なスコアで上位に入っていた生命保険会社を落とすということもありました。生命保険会社は保険のセールスを担う女性社員が多く、全社員に占める女性の割合は高いので、スコアだけ見れば日本の中でも特に女性の社会参画が進んでいる企業ということになります。しかし実態を見ると、管理職に占める女性の割合は数％に過ぎず、役員ともなると内部昇格者はほとんどいませんでした。その一方で女性の学者や著名アナウンサーが外部から登用されているのを見て、「女性活躍を推進しています」とアピールするためではないかと考えざるを得なかったのです。

テクノロジーの社会実装にはダイバーシティが必須

平成という時代を振り返ると、社会は確実に進化しており、劇的に変わっている部分もあります。ダイバーシティ推進が叫ばれる中、女性の社会参画は真っ先に取り組みが進んだところだといっていいでしょう。

それでも、日本社会では性別による扱いの違いが非常に大きいのです。

世界経済フォーラムが２０２１年に発表したジェンダーギャップ指数では、日本は１５６カ国中１２０位でした。先進国の中で最低レベルといってよく、アジア諸国の中でもベトナム（87位）、インドネシア（１０１位）、韓国（１０２位）、中国（１０７位）より低い結果となりました。ちなみに、日本より順位がひとつ上の１１９位はアンゴラ、ひとつ下の１２１位はシエラレオネです。

[図表3-1]

ジェンダーギャップ指数(2021)
上位国及び主な国の順位

順位	国名	値	前年値	前年からの順位変動
1	アイスランド	0.892	0.877	–
2	フィンランド	0.861	0.832	1
3	ノルウェー	0.849	0.842	-1
4	ニュージーランド	0.84	0.799	2
5	スウェーデン	0.823	0.82	-1
11	ドイツ	0.796	0.787	-1
16	フランス	0.784	0.781	-1
23	英国	0.775	0.767	-2
24	カナダ	0.772	0.772	-5
30	米国	0.763	0.724	23
63	イタリア	0.721	0.707	13
79	タイ	0.71	0.708	-4
81	ロシア	0.708	0.706	–
87	ベトナム	0.701	0.7	–
101	インドネシア	0.688	0.7	-16
102	韓国	0.687	0.672	6
107	中国	0.682	0.676	-1
119	アンゴラ	0.657	0.66	-1
120	**日本**	**0.656**	**0.652**	**1**
121	シエラレオネ	0.655	0.668	-10

出所）内閣府令和3年度「共同参画」

世界でダイバーシティが進む中、日本の歩みは非常に遅いと感じます。障害者やシニアの社会参画も増えてはいますが、いずれもまだまだ不十分ですし、外国人、ＬＧＢＴＱ（性的少数者）などについての取り組みは大半の企業ではほとんど手つかずといっていいのではないかと思います。

ダイバーシティが重要な理由はたくさんありますが、私が特に重視している点は、ダイバーシティがテクノロジーの社会実装のために必要な要素だということです。

そもそもインターネット社会は、情報の出し手と受け手がフラットな存在であり、対等な立場で受発信できるという水平的な価値観が求められるのが特徴です。一方で、日本では年齢や地位による上下の人間関係や男女の性別による役割分担意識などが根強く、縦社会の価値観が前提になってきました。**日本がＤＸで後れを取っているのは、ひとつには、そのような矛盾を抱えたままデジタル化を進めようとしたこと**に無理があったからです。

わかりやすい例を挙げれば、「ビジネスはとにかく挨拶だけでも相手に直接会うことが大切」「一緒に飲んで腹を割って話してナンボ」「押印するときは上役に向けておじぎをするように傾ける」「役職が上の人は上座に座る」といったような縦社会・村社会ならではのウエットな人間関係や儀式がデジタル化を阻んできたことは否めないでしょう。

これから**私たちは、「縦」の価値観を「横」に倒さなければなりません。**社会の序列を決めていた身分制度的なピラミッド構造を壊して一人ひとりが自由に個性を発揮できるようにし、**「それぞれ担う機能は違うけれども価値は一緒だ」**と考えられるようになることが大切です。それができなければ、２０４０年には日本が世界から取り残されたままになる恐れがあります。

繰り返しになりますが、私たちがテクノロジーを社会実装していく上で、ダイバーシティは非常に重要です。これは日本の成長戦略にとって重要であるということであり、ダイバーシティを単なる人権の問題だと考えるのは誤りです。

「老害」とは思考がアップデートしない人

ダイバーシティの進展については、私は楽観的です。2030年、2040年と時が進めば、間違いなく状況は好転しているでしょう。今はまだダイバーシティに対する理解がかけらもない「岩盤層」がいますが、この層に占める高齢者の割合を考えると、時間と共に岩盤が崩れ去ることは疑いようがないからです。

ただ、時間と共に「岩盤層」がいなくなるといっても安心はできません。SNSで**「老害というのは思考が古い人ではなく、思考がアップデートしない人」**という書き込みを見かけましたが、ダイバーシティを受け入れられないのは高齢者だからというわけではないのです。女性への差別的な取り扱いや縦社会のありようはかつては一般的な価値観であったわけで、それが大きく変わったのは最近のことです。高齢者であってもその変化を理解して受け入れられる人は老害ではありませんし、古い価値観からなかなか抜け出せない人は年齢に関係なく「ダイバーシティを理解できない老害」ということになります。

心の底でダイバーシティやＳＤＧｓについて「道徳や人権だけの問題として仕方なく取り組んでいる」「面倒だがコンプライアンス上、留意しなければならない問題」などと考えている人は、「思考がアップデートしない人」です。もし自分があてはまるかもしれないと感じる方がいたら、思考をアップデートできなければ「負け組」になっていく可能性が高いということを理解すべきでしょう。

実はダイバーシティは「儲けの源泉」

あまり理解されていないように思うのですが、私はダイバーシティは「儲けの源泉」だと思っています。

これを理解するためのひとつのキーワードは**「個別化」**でしょう。今後、ＤＸによって消費者一人ひとりの個別のニーズにきめ細かく対応することが可能になり、実際に個別のニーズに対応する商品やサービスはどんどん登場してくるはずです。そのような環境の変化の中、従来のように消費者をマスで捉え、世代や性別、国籍などで分類して商品やサービスを当てにいくやり方ではうまくいかなくなるでしょう。

大事なのは「男性か女性か」「何歳なのか」「どの国の人なのか」ということではなく、**「ひとりのユーザーが何を求めているのか」**です。当たり前のことですが、人間は一人ひとり異なる価値観や個性があり、60歳の高齢男性でも20代の若者と価値観が似通っている人もいます。「60歳の日本人男性向け」というようにターゲットを設定して商品やサービスを提案してもビジネスはうまくいかず、テクノロジーを活用しながら、よりきめ細かに個別のニーズに対応することにフォーカスする必要が出てくるでしょう。

それに対応できる企業が成長していく一方で、ダイバーシティの真の意味を理解できずニーズの個別化対応ができない企業は失速していくことになると思います。

ダイバーシティが進めば、これまで傷ついてきた人たちが傷つかずに済む社会がやってくるでしょう。若者、女性、障害者、外国人、ＬＧＢＴＱなどの人たちが本来の力を発揮できるようになれば、それが日本の底力を上げていく大きな要因になるのは間違いありません。

そして、それを支援していく企業にとってダイバーシティの進展はそのままビジネスチャンスになります。私は、女性や障害者の社会参画やＬＧＢＴＱのサポートをする企業の中から大きく成長する企業が生まれる可能性が高いと思っています。今まさに日本の大きな「穴」になっているところですから、その「穴」を埋めることができれば大きな伸び代があるでしょう。

ここ！

ダイバーシティの本質を理解し、女性や障害者の社会参画、ＬＧＢＴＱのサポートをしていく企業

CASE

障害者のプラットフォーム「ミライロＩＤ」を社会実装する――ミライロ

バリア（障害）をバリュー（価値）に置き換える

私が個人で投資しているミライロ社では、企業理念に「バリアバリュー」という言葉を掲げています。

一般によく使われる「バリアフリー」という言葉は「バリア（障害）」があたかもないかのような社会を目指す考え方を表します。一方「バリアバリュー」は、人それぞれの弱点や短所、苦手なこと、トラウマやコンプレックスなどの「バリア」は克服したり取り除いたりすべきものではなく、考え方や周囲の向き合い方次第で「バリュー（価値）」に置き換えることができるということを示したものです。

障害を価値に変えることを目指し、身体障害がある人や精神障害がある人、知的障害がある人など、障害の種類にかかわらずすべての障害者を支えるインフラ企業を目指しているのがミライロです。

私がミライロに投資しているのは、**障害者が社会の中で勤労者としても消費者としても活躍していく社会になるのは素晴らしいことであり、そのことが社会の成長を促していく**ことは間違いないと思うからです。

「彼が１番だ」

ミライロ創業者の垣内俊哉さんは、生まれつき骨が弱く折れやすい遺伝性の病気があり、幼い頃から車いすで生活してきた障害者です。まだ30代の若さですが、人としての成熟度や魅力は圧倒的なものがあり、私は彼を心から尊敬しています。垣内さんの魅力の源は、才能や能力の高さに加え、自身がハンディキャップを価値に変えてきた経験にあるのではないかと思っています。

垣内さんに出会ったのは２０１８年、中小企業基盤整備機構が主催する「Japan Venture Awards（ＪＶＡ）」の審査員をしていたときのことでした。２０００年にスタートしたＪＶＡは、革新的かつ潜在成長力の高い事業や社会的課題の解決に資する事業を行う志の高いベンチャー企業の経営者を称える表彰制度で、年１回開催されています。私は過去10年ほど審査員を務めました。その２０１８年の本選に出てきたのが、垣内さんだったのです。

本選は、7〜8分ほどのプレゼンテーションの後に5〜6分間の質疑応答が行われます。与えられる時間は非常に短いわけです。しかしそのごく短い時間で、彼は素晴らしいプレゼンをやってのけました。

私は投資家として過去に８０００人ほどの人と会い、さまざまなプレゼンを聞いてきましたが、垣内さんのプレゼンの能力やスキルはほぼトップといってよいものです。技術も優れていますが、何よりも、話を聞いた人を突き動かす力が強いのです。彼の言葉を聞くと、**何か前向きな行動をしたいと思うエネルギーがわいてきます。**

垣内さんのプレゼンが終わった後、審査員たちはしばらく言葉が出ませんでした。彼が出ていったとき、誰かがぼそっと「決まりですね」というと、別の審査員が「そうですね」と答えました。多くの言葉を交わさなくても、そこにいる審査員が全員一致で「彼が1番だ」と感じたのです。このＪＶＡで、ミライロは経済産業大臣賞を受賞しました。

障害者手帳の電子化に挑む

ミライロの事業の中でも特に注目されているのは、障害者手帳の電子化です。

障害者手帳は、傷痍軍人が多かった戦後の時代に障害のある方々の生活を保護するために国の制度として確立していったものです。１９５２年に電車の運賃の割引がスタートし、バスや飛行機、タクシー、フェリーなどの公共交通機関へと広がっていきました。利用する際に提示すると料金が値引きされるので、障害のある方にとっては非常に大切なものなのですが、これまでのあり方では使用する際に負担を感じざるを得ない場面が多かったといえます。

「私が初めて障害者手帳の交付を受けたのは5、6歳の頃でしたが、覚えているのは母親が泣きながら持ち帰ってきた姿です。以来、垣内家では障害者手帳はありがたいものである一方で、目を伏せたくなるものでもありました。周囲の目が気になり、積極的に使おうとすることはなく、持ち歩こうとさえしなかった時期もあります。

障害者手帳を出すときの枕詞は『すみません』なんです。**毎日『すみません、障害者手帳あります』といいながら、前を向いて明るく生きていけるはずがない。**ですから『いつかはこの障害者手帳を変えていきたい』と願ってきました」（垣内さん）

どう変えるべきかを考えた結果が、障害者手帳のスマホアプリ開発でした。

障害者手帳の問題のひとつは、**発行権限が国から地方行政に移されており、国としてのフォーマットがない**ことです。発行は都道府県と政令指定都市、条例により一部の中核市がそれぞれ行っており、また障害者手帳には身体障害、精神障害、知的障害の種別があるため、「障害者手帳」とひと口にいっても全国各地で内容もデザインも紙の質もバラバラという状態になっています。

このような状態では、公共交通機関などの事業者側が障害者手帳をチェックするのに非常に手間がかかります。障害のある方が障害者手帳を出すときに「すみません」

といってしまうのは、障害者手帳の確認がお互いにとって負担であるということも理由のひとつでしょう。

フォーマットが統一されていないために複製や偽造がバレにくいことを悪用し、健常者であるにもかかわらず車いすに乗って偽物の障害者手帳を提示して予約するといった「障害者詐欺」も発生しており、これは障害のある方がチケットを取りたいときに取れないという問題も招いています。

紙の手帳は直接持参して実物を提示する必要があり、紛失のリスクや個人情報漏洩のリスクがあることはいうまでもありません。また、たとえば電車で指定席に乗る場合を考えると、車いすで乗れる席は限られていますからどうしても座席が取りにくく、当日に駅に行ってぱっと乗るというわけにはいきません。紙の障害者手帳だと、一部の鉄道事業者では事前に窓口に行って手帳を提示して予約をしなければならないのです。オンラインでのチケット予約が当たり前になっている今の時代に、足が不自由で車いすを使っている人が駅に出向き、**窓口に並ばなければ指定席のチケットも取れないというのは理不尽な話**です。

垣内さんが考えたのは、障害者手帳を電子化してスマホで利用できるようにすれば事業者の確認の手間が軽減し、ユーザーもポイントカードのように気軽に提示できるようになって、**外出時の物理的・心理的なハードルが下がる**のではないかということです。もちろん、電子的な本人確認機能を備えれば、窓口に並ばなくてもオンラインでチケットを予約したり改札でスマホをかざすだけで入場したりといったことも可能になるでしょう。

しかし、もちろん話はそう簡単ではありません。2018年にミライロが障害者手帳電子化に向けた構想を検討し始めた頃は、全国でいったい何種類の障害者手帳があるかさえ、国も把握できていないような状態だったのです。全国に256種類の障害者手帳があることを突き止め、それらすべてをアプリが正しく認識して登録できるようにするだけでも、全国の各自治体や国土交通省、厚生労働省とのやりとりを重ねる必要がありました。

「このようなアプリはほかに存在していなかったので、設計も試行錯誤が続きました。週末には喫茶店にこもって手書きでデザインを詰め、プログラミングを学んで

モック（見本）をつくり、政府とも協議を重ねていきました」（垣内さん）

こうして2019年7月、スマホアプリ「ミライロＩＤ」が誕生しました。

世界を見据える「ミライロＩＤ」のポテンシャル

ミライロＩＤをリリースしたときに参画した企業は、西武鉄道、嵯峨野観光鉄道、日の丸交通、西武ハイヤー、西武バス、アワーズ（アドベンチャーワールド）の6社だけでした。次なる課題は、ＪＲ各社などの公共交通機関でより幅広く使えるようにすること。しかし鉄道は相互乗り入れなどの問題もあり、導入に向けて各社が足並みをそろえるのは容易ではなく、一気に普及を進めるというわけにはいきませんでした。

「何とかならないかと動き回って、いろいろな人にご説明も重ねていました。そこに、国のＤＸ推進やマイナンバー普及促進の流れがきたんです」（垣内さん）

ミライロは、ミライロＩＤと政府が運営するオンラインサービス「マイナポータル」を連携させることで、障害者手帳に記載されている情報とマイナポータルから取得した情報を照合できるようにしました。

信頼性が高まったこともあり、２０２１年３月、ＪＲを含む鉄道会社１２３社がミライロＩＤを導入。この話が決まったときは、垣内さんと一緒にガッツポーズをしたものです。

ここから流れは一気に変わり、２０２１年９月時点では、国内で約３０００社がミライロＩＤに参画しています。**たった２年で６社から３０００社へと拡大**したわけですから、非常に大きな変化が起きているといっていいでしょう。

ミライロＩＤは、障害者手帳の代替手段として使う分には企業も障害者も無料で使うことができます。今後のビジネスとしてまず期待できるのは、ミライロＩＤの「ミライロクーポン」「ミライロチケット」機能です。

ミライロクーポンでは、企業は障害のある方を対象にクーポンを発行することができます。**企業側から見ると、幅広く多くの障害者に情報やサービスを届けられるまったく新しい販促ツールが登場**したわけです。ＳＤＧｓやＥＳＧを重視する観点からも手段さえあればこのような取り組みをしたいという企業は多く、たとえば眼鏡のＪＩＮＳでは実店舗でもＥＣでも10％引きとなるクーポンを発行しています。このミライロクーポンから、広告収入を上げていくことができます。

ミライロチケットはその名の通り、障害のある方向けのチケット販売システムです。コロナ禍では「窓口が閉まってしまい、オンラインだと障害者割引のチケットが買えない」というケースもありましたが、ミライロＩＤ内でのチケット販売であれば本人確認が可能なので、こういった問題も解消できます。現在はガンバ大阪などのスポーツチームや大原美術館などの文化施設、ほかにもレジャー施設で導入されていますが、今後は新幹線の車いす指定席や飛行機などでの利用も期待できるでしょう。

また、ミライロＩＤは障害者と企業だけでなく**障害者と自治体を結ぶ役割**も果たせます。これまで障害のある方に行政福祉サービスを適切に届けたり、災害時に身を守ってもらったりするための情報提供手段は限られていましたが、ミライロＩＤのユーザーが増加すれば自治体とのコミュニケーションツールとしての活用が期待できそうです。

今後はミライロＩＤが障害者のためのプラットフォームになる可能性がかなり高まっているといっていいでしょう。ミライロＩＤを活用できる場面は無数にありそうです。

当然、プライバシー保護などの問題もありますから展開は慎重に進めるべき面もありますが、たとえば障害者を雇用したい企業と働きたい障害者のマッチングなどもできるかもしれません。障害者の人たちの仕事の機会やパートナー探しなど出会いの機会を増やすことは、障害のある人が自分のバリューを世の中に活かしていくチャンスをつくり出すことにつながります。

ミライロＩＤは、**ダイバーシティにリアルにつながっていく商品やサービスの土台になるもの**だという言い方もできるでしょう。

「日本には９６４万人の障害者がいるとされ、そのうち障害者手帳の交付を受けている方は約７００万人。一方、障害者のスマホ利用率は健常者と同等で８割以上といわれます。つまりミライロＩＤは**国内市場だけで５６０万人**が使うポテンシャルがある。さらに今後、海外の障害者への対応も進めれば**将来的には11億～12億人のユーザー獲得を目指せる**と思っています。現在は２０２４年のパリオリンピック・パラリンピックや２０２５年の大阪・関西万博に向け、海外の障害者手帳でもミライロＩＤに登録できるようにしようと話し合いを進めているところです。

また、**２０２１年５月に障害者差別解消法が改正**され、あらゆる事業者に対して

『合理的配慮』の提供を『努力義務』ではなく『法的義務』とすることが決まりました。合理的配慮とは、障害者にとっての社会に存在する負担や困難を取り除くため、事業者の負担が重すぎない範囲で対応することです。今回の法改正により、事業者は遅くとも３年内にこの対応ができる体制構築を求められています。**障害者対応全般が、ＣＳＲ（企業の社会的責任）からコンプライアンスへと大きく変化すると同時に、新たなビジネスチャンスとして捉え直す段階**を迎えているのです」（垣内さん）

ミライロ－Ｄの発展を支える「ユニバーサルマナー検定」

ミライロが創業時から手掛けてきたビジネスは、**法人や自治体に向けたユニバーサルデザインのソリューションの提供**です。障害のある方たちとどのように向き合えばよいのか、安心して過ごせる施設をどう実現すればよいのか等、レストランやホテルといったホスピタリティを必要とする企業などに向けてコンサルテーションしたり研修を行ったりするほか、２０１３年には障害のある方へ適切に声掛けをしたりコミュニケーションを取ったりするためのマインドとアクションを体系的に学ぶ「ユニバーサルマナー検定」をつくり、検定の普及にも取り組んできました。

ユニバーサルマナー検定の取得者は順調に増えており、2021年8月末時点で3級受講者数は約13万人にのぼります。実は私も、ユニバーサルマナー検定3級取得者です。

垣内社長は**「ハードは変えられなくても、ハートは変えられる」**といいます。

「多くの企業や自治体、省庁などでユニバーサルマナーが教育として取り入れられるようになり、実際に多くの人の行動が変容しつつあると感じています。ユニバーサルマナーを伝え続けてきたことが今日までのすべてにつながっていると思いますし、今後も意識と行動を変えていくための取り組みを続けていくことが重要だと考えています」

ユニバーサルマナーの普及は地道な活動ですが、長年継続しているこのような取り組みが、今後のミライロＩＤ発展の礎になるのではないかと思います。

ミライロは2021年2月、初めて第三者割当増資を行いました。出資した顔ぶれを見ると、ベンチャーキャピタルは1社もありません。多くは事業会社で、大阪市高速電気軌道、西武鉄道、京王電鉄などのインフラ企業が名を連ね、あとは私を含む若干の個人投資家です。ミライロが**公的な役割を担っていく会社として評価**されたことが、こうした企業が資本を出し合う形につながったのでしょう。

10年後、20年後にミライロが障害者のプラットフォーム企業としての地位を確立した世界では、ダイバーシティが広く根づいているだけでなく、障害のある方に向けた市場が大きく発展しているのではないかと思います。

これまで手つかずだった市場を開拓することは、大きなビジネスチャンス。今後は多くの企業が成長戦略としてダイバーシティを考えることが当たり前になっていくはずです。

ここ!

障害者が勤労者としても消費者としても活躍していくための土台づくり

CASE

ロービジョンのための技術が世界を変える——ＶｉＸｉｏｎ（ヴィクシオン）

見え方に障害を持つ１８０万人の「ロービジョン」の人

私がレオス・キャピタルワークス、プレミアムウォーターホールディングスに続いて創業にかかわることになったのが、目が不自由な「ロービジョン」の人のための眼鏡を開発しているＶｉＸｉｏｎ（ヴィクシオン）です。

目が不自由で障害者手帳の交付を受けている人は、日本に約２００万人います。そのうち、まったく目が見えない全盲の人はおよそ20万人で、１８０万人は視覚情報をある程度は使える「ロービジョン」です。ロービジョンとひと口にいっても状態はさまざまですが、たとえば視野が非常に狭くなってしまう視野狭窄（きょうさく）や、暗いところで目が見えなくなってしまう夜盲（やもう）、逆に光が眩しいと視界が真っ白になってしまう光過敏といった障害があります。

ＶｉＸｉｏｎが目指すのは、**見え方に障害を持つおよそ１８０万人の方を技術でサポート**することです。暗いものを明るく、眩しいものは軽減し、視野が狭ければ広く見えるような機能で視野を補正できる眼鏡があれば、ロービジョンの方々に快適に生活してもらえるようになります。

私が最初にこのビジネスの話を聞いたのは、２０２０年10月10日のことでした。そのときに実際にロービジョンの方のための眼鏡をかけてみたのですが、ほとんど明かりのない真っ暗な部屋の中でも昼間のように明るく見え、広角レンズでは視野が大きく広がることにとても驚きました。

ＨＯＹＡから分社化した理由

ＶｉＸｉｏｎは、もともと光学機器メーカー・ＨＯＹＡのメディカル事業部の１プロジェクトとしてロービジョンの方に向けた製品を開発していたメンバーを中心に分社独立した会社です。

開発した製品は眼科医からも高い評価を受けていましたが、事業としては赤字の状態が続いていました。そして3年目を迎える際、事業メンバーは「4年目以降どうしたいのか、撤退か継続するか」を問われることになりました。意思決定を早くしてこの事業の可能性を追うには分社独立したほうがよいという判断もあり、プロジェクトのメンバーはスポンサーを探してMBOを目指すことを決意。そこで声がかかったうちのひとりが私だったのです。

話を聞いたとき、私は「なぜほかのベンチャーキャピタルなどではなく、私個人に相談に来たのですか」と尋ねました。すると「藤野さんは事業も投資もわかるだけでなく、社会性もわかってくれると思ったからです」といわれました。

実は、ViXionは独自技術を活用した新しい挑戦を進め、非常に画期的な製品の研究開発もしており、大きく稼げる可能性を十分に秘めていました。しかしここで利益だけを重視する投資家の出資を受ければ、「ユーザーが少なく儲けが少ないロービジョン向けの眼鏡なんてつくらなくていい」といわれる可能性があります。

プロジェクトメンバーは、「収益を上げることは重要で、生き残るための施策は打ちます。ですが私たちが本当にやりたいのは、ロービジョンの人のための眼鏡を普及させ、目が不自由で困っている人たちを救うことなんです。私たちの**ミッション実現と収益の両立という難しい課題**に一緒に取り組んでくれる人はなかなかいないと思います。だから、藤野さんに加わってもらいたいんです」といってくれました。

私はそのような理由で自分に声がかかったことを、本当にうれしく思いました。

このビジネスは社会性が高いのはもちろんですが、私は「ロービジョンの眼鏡だけでも十分に世界で勝負できる」と考え、この話を引き受けることにしたのです。資本政策をつくり、個人で出資もして、取締役として経営にも参画することになりました。

視覚障害者の雇用が進む社会的インパクト

厚生労働省が発表した「令和2年度障害者の職業紹介状況等」によれば、ハローワークを通じた障害者の就職件数は令和元年度までは11年連続で増加しており、日本の障害者雇用は少しずつ進んでいるといえます（図表3－2）。しかしどのような障害を持っているかによって進捗には差があります。障害者全体の就職件数はおよそ9万件あり、このうち身体障害者の件数は約2万件ですが、視覚障害者の就職件数はその中でわずか1500件しかありません。

視覚障害者の雇用がなかなか進まないのは、雇用する側に「目が見えないとオフィスや工場で仕事ができないのでは」というイメージがあることに加え、職場で事故が起きたときの責任を考えたときに管理しづらいと感じるのも理由のようです。障害者雇用比率を上げたいと考える企業が増えても、視覚障害者は採用されにくい状況があると考えられます。

ロービジョンの人のための眼鏡の普及は、このような状況を激変させる可能性があります。ロービジョンの人は眼鏡で視野を補正して「見える」ようになることで、さまざまな仕事がしやすくなりますし、雇用する側としては管理するリスクが減るので採用しやすくなります。

「見える」ことは、ロービジョンの人がお金を使って自由に遊べる場所が増えるとい

［図表3-2］ハローワークにおける障害者の新規求職申込件数と就職件数の推移

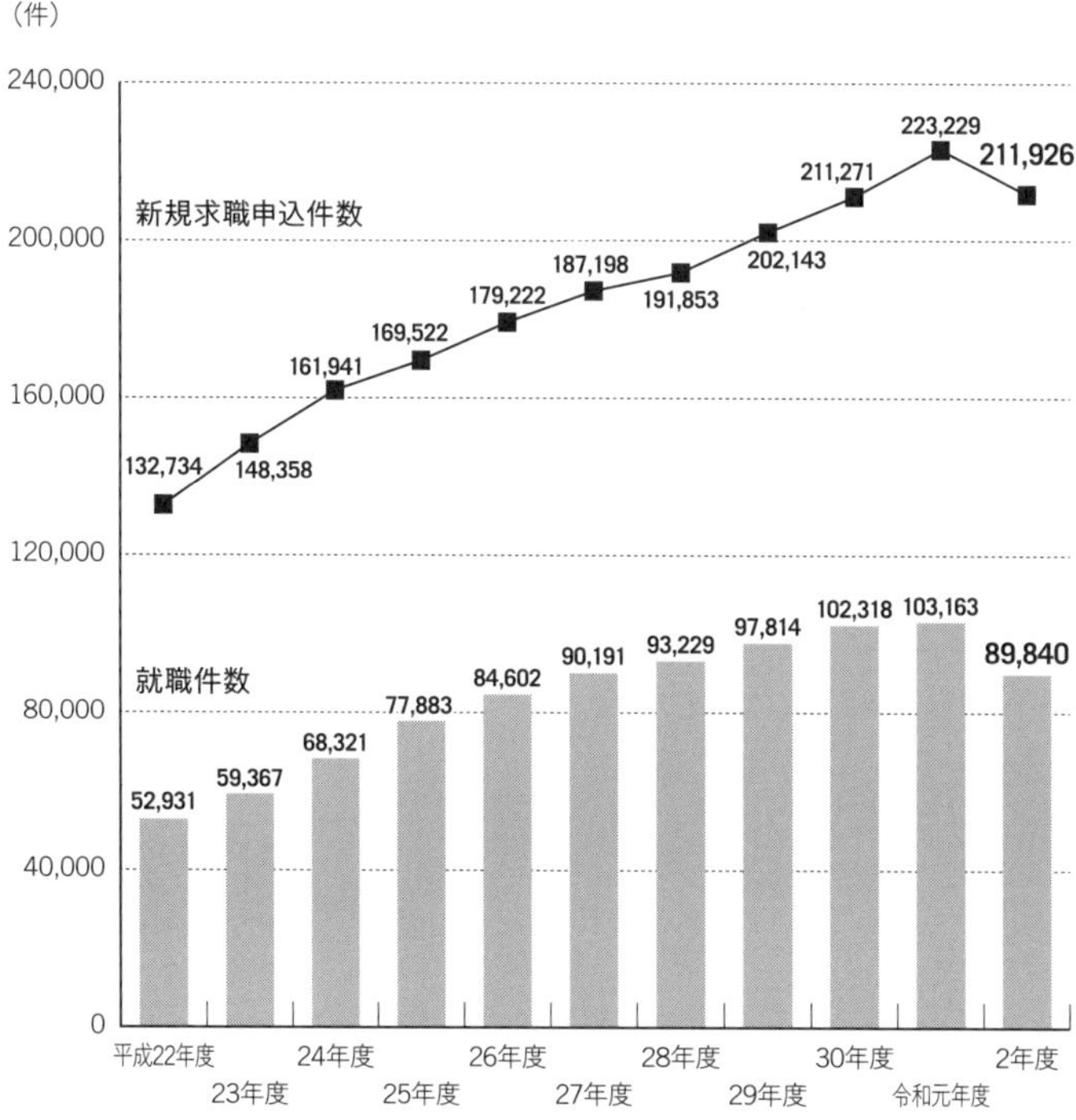

出所）厚生労働省「令和2年度障害者の職業紹介状況等」

う意味でも重要です。**人は働く場があって稼げればいいというものではなく、稼いだお金を使って楽しめる場所があってこそ「頑張ろう」という気持ちになれる**ものだからです。

障害者の人たちの中には、遊べたり楽しめたりする場所が少なく、そのために働く意欲が起きにくくなっている人もいます。ロービジョンの人たちが「見える」ようになれば、仕事だけでなく遊びにも行けるようになりますから、きっとさまざまな面で意欲が高まって活動範囲を大きく広げられるようになるのではないかと思います。

こうして2021年1月、ViXionが誕生。4月から営業を開始しました。

今、力を入れているのは、各市区町村でロービジョン用眼鏡が福祉用具として認められ、「日常生活用具」給付が受けられるようにすることです。全国の市区町村と話を進めており、助成が受けられる自治体はどんどん増えています。

ビジネスとしての勝算、さらにその先へ

ロービジョンの方のための眼鏡はもちろん、ＶｉＸｉｏｎはその先の展開も大いに期待できると感じています。何より、ＶｉＸｉｏｎのチーム編成が非常に強力なのです。

私に最初にＶｉＸｉｏｎを紹介してくれた人であり、取締役として経営に参画しているのが、独立系研究者の浅田一憲さんです。

浅田さんは１９９７年に情報セキュリティ技術専門会社オープンループを創業し、２００１年に上場させ、上場企業の社長でありながら北海道大学医学部に入学して、会社売却後も研究を続けて医学博士になったという異色の経歴の持ち主です。メディアデザイン学の博士号も持っており、ＩＴ、暗号学、医学、数学、メディアデザイン、色彩学など分野を横断する高い専門性があります。

浅田さんは独立系研究者として２０１０年に色弱の人のための色覚補助アプリ「色のめがね」、色弱の人の見え方を体験する「色のシミュレータ」を開発し、さらに２０１１年には弱視などの人のための視覚補助アプリ「明るく大きく」も開発し、すべて無料で公開しています。浅田さんは、見え方に困っている人のためのツールがいかに生活の不便を解消するかをよく知っているのです。

ＨＯＹＡのプロジェクトメンバーがＭＢＯを目指すにあたってまず相談したのが、浅田さんでした。浅田さんは彼の技術も活用して協力することになり、浅田さんが昔からの知り合いだった私に声をかけたというわけです。


そして、デザインオフィスｎｅｎｄｏ（ネンド）創業メンバーのひとりである伊藤明裕さんも取締役に迎えることができました。

まったく新しい眼鏡を普及させていこうというとき、私が大きな課題だと感じたのが、デザインでした。最初にロービジョン向けの眼鏡をかけてみて、機能の素晴らしさに驚く一方で、「大きすぎて格好よくない」と感じたのです。眼鏡は顔にかけるものですから、格好よさや軽さは非常に重要な要素です。

より自然なデザインを追求することは、重い意味もあります。残念な現実として、白杖をついて歩いている女性が夜道で襲われることがあるのです。ですから、いずれはパッと見たときに目が悪いということがわからないようなデザインにしたいという思いがあります。そのため、世界的デザイナー・佐藤オオキさんが率いるｎｅｎｄｏ

にぜひ協力してほしいと考え、私が伊藤さんにお願いしたのです。

佐藤オオキさんのことは彼が大学を卒業したての頃から知っており、ｎｅｎｄｏとはレオス・キャピタルワークスのロゴをデザインしてもらったご縁があります。しかし、今やｎｅｎｄｏは世界を代表するデザインオフィスであり、創業まもないＶｉＸｉｏｎが高額なデザイン料を払うのは無理があります。そこで、株主になって経営にも参画してもらい、デザインの全面的な提供を受けながら今後のＶｉＸｉｏｎの劇的な成長を一緒に目指したいと伊藤さんを説得したわけです。

早速、２０２１年７月には佐藤オオキさん監修の暗所視支援眼鏡の新モデル「ＨＯＹＡ　ＭＷ10　ＨｉＫＡＲＩ」を発売しました。今後展開していく製品がｎｅｎｄｏのデザインの力で世界中に広がっていくのだと考えると、ワクワクします。

それだけではありません。あるとき、ｎｅｎｄｏがＶｉＸｉｏｎのメンバーの発想を大きく広げるような試作品をつくってくれたのです。

音や振動で視覚障害者に何かを知らせる機能を搭載した白杖。

風や音で設置場所を知らせる消毒液。

ＨＯＹＡから分社独立したという経緯から、ＶｉＸｉｏｎでは無意識のうちに眼鏡

［図表3-3］

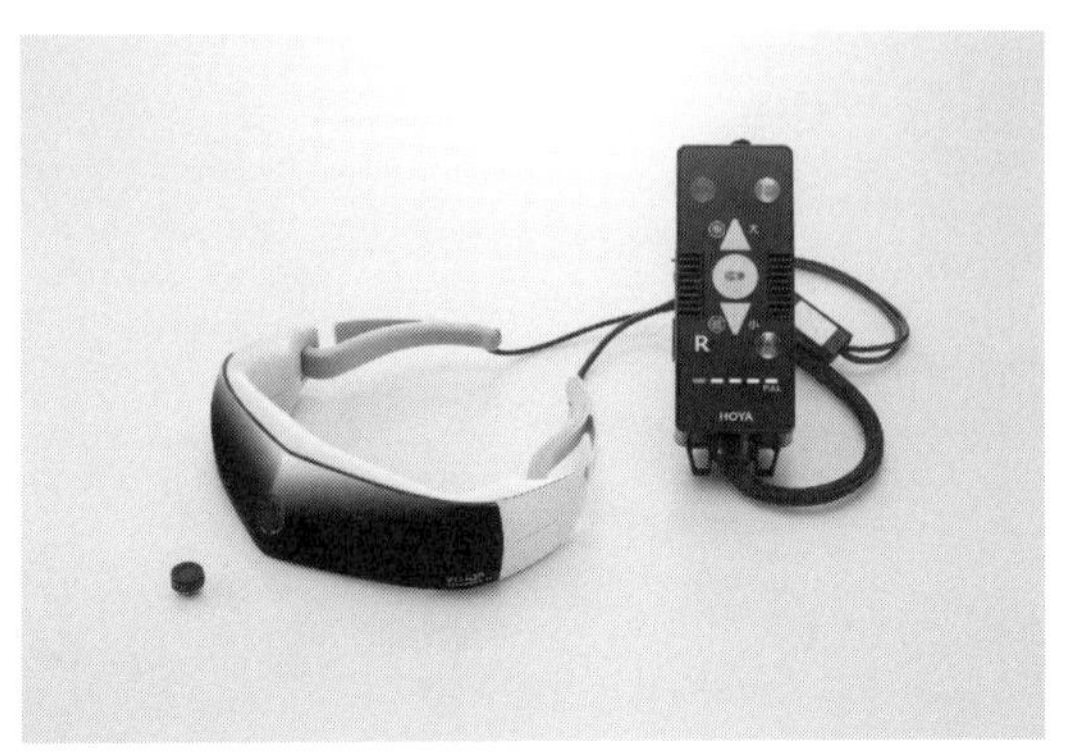

佐藤オオキさんがデザイン監修した暗所視支援眼鏡「HOYA MW10 HiKARI」新モデル。若い世代や女性を意識し、ナチュラルさと快適な装用感を追求

だけにこだわっていました。しかし**視覚障害者を総合的にサポートすると考えれば、やれることはたくさんある**わけです。そのことに気づかせてくれたｎｅｎｄｏには、本当に感謝しています。

これほどの布陣ですから、私はＶｉＸｉｏｎが日本発のテクノロジーで世界を席巻してダイバーシティを大きく進展させていくことは十分に実現可能だと思っています。それは、２０３０年、２０４０年の社会を明るくするひとつのきっかけになるでしょう。

私自身のチャレンジは、ＶｉＸｉｏｎでＥＳＧの「Ｓ」をビジネスとしてしっかり成り立たせ、さらに大きく成長させて会社が大きく儲けられるようにすることです。そしてＶｉＸｉｏｎが、社会貢献とビジネスとしての成功を両立させることは可能なのだと示すモデルのひとつになればと思っています。

ここがおいしい！④

独自の魅力が光る「地方」が増える

第4章

成功する地方創生、失敗する地方創生

日本全国どこでも価値がある

私は投資家として、全国各地のさまざまな企業を数多く訪問してきました。レオスが運用する投資信託を販売している地銀で研修を行ったり、全国にいる個人のお客さま向けにセミナーを開催したりする機会も多く、世界がコロナ禍に襲われる前までは年間100日ほど出張する生活を30年近く続けてきたのです。

ですから北海道から沖縄まで、どこに行っても「久しぶりに帰ってきたな」という感じがしますし、実際に「お帰りなさい！」といってくれる仲間が全国にたくさんいます。これほど地方のあちこちを歩いてきた人間は珍しいのではないかと思います。

その経験から私が心から思うのは、地方は「みんないい」ということです。岩手県も山形県も長野県も山梨県も愛媛県も山口県も熊本県も沖縄県も、とにかく日本全国どこであっても、住む価値やそこに別荘を持つ意味があると思いますし、すてきな場所や美味しい食べ物やいい人がたくさんいるのです。

ですから私には「日本を地域から元気にしていきたい」という思いがあり、地方創生に積極的にかかわりたいと考えています。

運用する投資信託「ひふみ」シリーズは、日本全国から投資家の方のお金を集めて地方の企業にたくさん投資していますから、これも地方創生にひと役買っているとはいえるでしょう。

しかし本業の資産運用だけでなく、「具体的にどこかの場所にコミットして自分自身が汗をかくことも必要ではないか」「個人の社会貢献活動として地域おこしに携われる場所はどこだろう」と考え続けてきました。

そして出合ったのが、富山県朝日町です。

人口減少が著しく、将来的に存続できなくなる恐れのある自治体は「消滅可能性都市」と呼ばれています。富山県の東部、新潟県との県境にある朝日町は、日本全国にある消滅可能性都市のうちのひとつです。人口のおよそ半数を65歳以上が占めています。

２０１８年、私はその〝過疎の町〟朝日町で古民家を買いました。

きっかけは、朝日町の坂東秀昭さんという建築家の方から届いたフェイスブックメッセージでした。面識はありませんでしたが、彼が生まれ育った朝日町を盛り上げるために地元の古民家の改装などに取り組んでいることを知り、「ぜひ朝日町に来てください」という誘いをいただいて足を運んでみたのです。

朝日町で坂東さんに会って話すうちに、私はなんとなく「ここなんじゃないかな」と感じ始めました。私自身が富山県出身で縁があること、坂東さんという情熱と実行力のある方がパートナーになって地元でコミットしてくれることが背中を押してくれました。

私が買った古民家は2階建てでとても広く、1階には80人ほどでセミナーが開催できるスペースがあり、2階を使えば何十人かが泊まって合宿もできます。

ここを本拠地として、私は「みらいまちラボ」を立ち上げました。起業家が少ないという富山の課題を解決するため、**継続的に起業家を育てるための勉強会を開催して地方創生や交流人口の拡大を目指す**団体です。

地方のことだけ考えていても地方はよくならない

みらいまちラボを立ち上げるときに私が考えていたのは、「朝日町をよくするだけではなく、朝日町をよくすることで富山県全体を、そして日本をよくしたい」ということでした。

地方創生の取り組みでは、どうしても「地元を元気にしたい」という気持ちが先立つものでしょう。しかし、もし「朝日町を元気にする」ことを目標にすれば、朝日町以外の人は関心を持ってくれません。**「私たちの地元をよくしたい」というスローガンでは、人を集めることはできない**のです。

私は、東京のすごさは「東京をよくしたいという人がいない」ことだと思っています。東京で起業する人は、当たり前に「日本をよくしたい」「世界をよくしたい」というビジョンを持っています。だからこそ、東京には人が集まるのだともいえます。
地方創生のパラドックスは、地方のことだけ考えていても地方はよくならないというところにあります。地方創生が失敗するケースでは、「地元を元気にしたい」という目標を掲げていることが多いのです。「自分たちのことだけでなく、みんなのことを考える」という目線を持たなければ地方に人を集めることはできません。

みらいまちラボの活動で大切なのは、朝日町には興味がないという人にもイベントに参加してもらうこと、そして「ここに来れば何か学びがある」と感じた人がまた足を運んでくれるようにすることだと思っています。

第2章で取り上げたＡＤＤｒｅｓｓの事例でも触れましたが、過疎化が進んでいる地域であっても、関係人口（地域や地域の人々と多様にかかわる人）や交流人口（その地方を訪れる人）を増やせば地域経済を活性化することができます。少子高齢化や人口減少も怖くありません。やり方次第で、地方創生を成功させることは十分に可能です。

こういった考え方は、能書きを垂れるよりもまず自分がやってみせることが大事です。ですから、みらいまちラボの取り組みは、私自身が多拠点生活を実践して多くの人にその姿を見てもらうことも目的のひとつにしています。

「都会にはない魅力」に多くの人が気づくとき

地方活性化の芽はいたるところにあり、私自身がかかわっている事例もいくつもあります。２０３０年、２０４０年を見据えたとき、私には、「独自の魅力で人を集めにぎわう地方が全国のあちこちにたくさんある」という未来像がはっきり見えるのです。

東京にいるとなかなか気づきにくいのですが、地方では安価に手に入れられる魅力的な物件がたくさんあります。ちなみに私が朝日町で買った古民家も、決して買い叩いたわけではないのですが驚くほど安い価格で買うことができました。

そしてそこには、東京にはない価値があります。豊かな自然、おいしい空気と水、ゆったり流れる時間……５Ｇが普及してテレワークがより一般化すると、遅かれ早かれ、多くの人がこのことに気づくでしょう。そうなれば、思い思いの好きなところにふたつ目、3つ目の拠点を持つ人も増えていく可能性が高いのではないかと思います。

もちろん、地方に拠点を持つというのは面倒な面もあります。地域の人たちと馴染めるだろうか、冬や夏の気候は厳しくないだろうかといったことを心配する人も多いでしょう。しかし、それらの面倒くささを補って余りあるほどの魅力を持つ地方はたくさんあります。そこには、巨大な「穴」が空いているのです。

ここ！

「日本をよくする」「世界をよくする」という視点での地方創生

CASE

山形・庄内が地方創生の理想的なモデルケースになる——ヤマガタデザイン

縁もゆかりもなかった庄内地方でまちづくりに挑む

地方創生で目をみはるような結果を出し続けているのが、山形県鶴岡市にあるヤマガタデザイン社です。

社長の山中大介さんは、新卒で三井不動産に入社して都市開発を手掛けていた「まちづくりのプロフェッショナル」。

山中さんは、もともと山形県に縁があったわけではありません。三井不動産を辞めるとき、たまたま人づてに声をかけられたベンチャーが3つあり、そのうちのひとつが鶴岡サイエンスパークで生まれたＳｐｉｂｅｒ（スパイバー）社だったというのが縁の始まりです。

鶴岡サイエンスパークは、鶴岡市が２００１年に慶應義塾大学先端生命科学研究所を誘致し始まったインキュベーション施設です。周囲に水田が広がる広大な土地の中にハイテクセンターがあり、２００３年に生まれたヒューマン・メタボローム・テクノロジーズは２０１３年にマザーズ上場を果たすなど、バイオベンチャーが次々に育っています。Ｓｐｉｂｅｒは、この鶴岡サイエンスパークでクモの糸の原理を使った人工タンパク質の繊維をつくろうとしている期待のハイテクベンチャーです。

Ｓｐｉｂｅｒを初めて訪ねるために庄内空港に降り立ったときのことを、山中さんは「空気があまりにもきれいで、ここはものすごい場所だと思った」といいます。

山中さんは転職を決めて庄内に転居したものの、2カ月で辞めることになりました。移住し、改めて「この地域で自分ができる最大限のことは何だろう」とじっくり考えたときに思い当たったのが、サイエンスパークの未利用地の開発でした。

「2001年にサイエンスパークが開設されたものの、当時は未利用地がまだ多く、計画全体の3分の1ほどしか進行していない状態だったんです」（山中さん）

まちづくりであれば、経験を存分に活かすことができます。そこで山中さんは「困っているのでしたら私がやりましょう」と申し出て、2014年、ヤマガタデザインを設立したのです。

水田に囲まれたホテルと児童教育施設が人を呼ぶ

ヤマガタデザインが最初に手掛けたのは、ライブラリなどを備えた宿泊施設「SHONAI HOTEL SUIDEN TERRASSE（ショウナイホテル スイデンテラス）」でした。**交流人口や関係人口を増やす**ため、まず一番わかりやすい施設として、サイエンスパークの視察や研修などに訪れる人々や観光客を集められるホテルをつくったのです。

スイデンテラスはサイエンスパークに隣接した土地にあり、その名の通り水田の中に建っています。建築家の坂茂さんが設計した建物は、木のぬくもりが感じられると

［図表4-1］

ヤマガタデザインが最初に手掛けた宿泊施設「SHONAI HOTEL SUIDEN TERRASSE」。
サイエンスパークに隣接し、その名の通り水田の中に建つ

ても素晴らしいデザインで、美しい風景の中で源泉かけ流しの温泉を楽しむことができ、レストランでは庄内の豊かな食文化を味わうことができます。

続けてつくったのは、児童教育施設「KIDS DOME SORAI（キッズドーム ソライ）」。鶴岡サイエンスパークには全国から研究者が集まって働いており、その家族は近隣に住むことになります。高い教育水準が求められることを考えると、教育施設の役割は重要です。

ソライの名前は江戸時代の庄内藩の藩校・致道館の教えである荻生徂徠の「徂徠学」からとっています。その教育理念

「天性重視　個性伸長（生まれながらの個性に応じてその才能を伸ばす）」を名前のルーツとしているのです。

雨の日でも濡れずに遊べる全天候型の施設で、オリジナル遊具が設置された「アソビバ」、約1000種類の素材と200種類の道具が揃う「ツクルバ」、約8000冊の本が楽しめる「ライブラリ」があり、子どもがいつでも身体を動かしたり図画工作などクリエイティブな遊びをしたりして生き生き学べる仕掛けが満載です。ソライの存在は、子どもを持つ親世代が「このような施設が整った土地であればぜひ住みたい」と思うような**教育環境の向上**につながっています。

地方では子どもや若い世代が見放されているという「穴」

スイデンテラスとソライは、サイエンスパークを起点としてよりインパクトのある地域になることを意識し、また民間で持続可能な施設としてつくられました。そしてその評判から、ヤマガタデザインは**「地域の課題のよろず相談所」**のような存在になっていきます。

「困ったことがあったら、とりあえずヤマガタデザインに相談すればいろいろやってくれるんじゃないか」と考える人が増え、実際にさまざまな案件が持ちこまれるようになったのです。

ありとあらゆる相談事が集まるようになる中、山中さんはヤマガタデザインがやるべき事業かどうかを「若い人たちがこの地域に夢を持って来られる環境づくりにつながること」を指標に判断しているといいます。

「地方都市はどこも子どもの数が減少していて若年層も流出していくので、何もしなければ人口が減ってシュリンクしていくだけです。

若い世代が希望を持ち、夢を抱いて働いたり暮らしたりできる地域にしなければ、絶対に残っていけません。これはマーケットとしては非常に逆風が強いともいえますが、**地域の資源を活用しながら、逆張りの発想で事業をつくり上げていきたい**んです」（山中さん）

若者が誰も来ないような地域になることこそ、人口減少が進む地方にとっては一番切実な問題です。ですから山中さんは、地方の活性化を考えるとき、どうやって若い世代に対して魅力的な町を提供するかに集中しているのです。

「シニア向けの施策は行政がやればいいと思っています。高齢者は納税者として存在感が大きく、高齢者向けの福祉や医療には予算が回りやすいんです。地方都市の問題は、たとえば元気な高齢者が集まってカラオケをする公民館はどんどん新しく建て替わるのに、学童保育など子ども向けの施設は何十年も建て替えられることなく老朽化が進んでいるという状況に現れています。

子どもや若者のために、足りない部分を補っていくのがヤマガタデザインの役割だと考えています」

ちなみに山中さんは、地域で生まれ育った若者が都会に出てさまざまな経験を積んでくることは大歓迎だと語ります。地元の高校生に講演をしたりする際は、どんどん外の世界に出るよう背中を押しているそうです。

山中さんのような人に刺激を受けて大海原に飛び出した若者たちが、いつか庄内に戻ってきてくれれば、その価値は非常に大きいでしょう。

中央依存から脱却し、危機意識を共有する

ヤマガタデザインは現在、ホテル事業と教育事業のほかに人材紹介、有機農産物の生産・販売、有機米栽培のための自動抑草ロボットなどのハードウェア開発、有機米の生産支援・流通販売プラットフォーム構築、農業教育などに事業を拡大しています。

地域に根ざして事業を広げていくカギは、いかに地元の人を巻き込んでいくかにあります。山中さんは、地方の人には「いつか誰かがやってくれるという他者依存の考えが根強くある」といいます。

たとえば東京の企業が進出してくれたり、国の補助金でなんとかしてもらったりといったことに期待してしまいがちなのは、どの地方にも共通する宿痾（しゅくあ）のようなものでしょう。

「サイエンスパークの未利用地の開発が進まずに困る人がいるとすれば、この地域の人だけ。いかに地域が当事者意識を持ってまちづくりに取り組むかが重要です。そして当事者意識を究極の形で示すのは、私はお金だと思っています。ですから、**投資し**

てもらい、リスクを一緒に負ってもらって、共に長期的な目線でまちづくりをしてきました」

民間が進めるまちづくりにリスクをとって投資することで地域に雇用を生み、中長期的な人の流れをつくり、その結果として地域経済を活性化させていきたい――山中さんの呼びかけに呼応したのが、山形銀行でした。

超低金利が長期化する中、多くの地銀では貸出金利と預金金利の差で稼ぐ利ざやの縮小や、地域経済の落ち込みによる資金需要の低下に苦しんでいます。そのような環境の中、山形銀行は、民間企業に投資して自分たちで成長性のある事業をつくってその事業に融資するという取り組みを決断したのです。「これをやらなければ地銀の存在価値も未来もないのだ」という決意がうかがえます。

山形銀行は他行と共同で7億円を出資。その後、ヤマガタデザインは地銀から十数億円の融資を受けて事業を拡大しており、山形銀行のチャレンジは地銀の存在感を示す結果をもたらしています。

山中さんは、**地元のプレイヤーを動かすには「地域に対する危機意識を共有することが大切」**と説きます。

たとえば地域の工事会社であれば、「この地域には公共工事以外なくなってしまうのではないか」といった危機意識があるでしょう。その危機感を共有した上で、まちづくりによって地域が活性化すればまた新たな施設の建設が必要になって中長期的に仕事が生まれていくという未来を描いてみせ、「一緒に課題を解決していきましょう」という姿勢を示すのです。

ヤマガタデザインの課題を共有して一緒に解決しようとする姿勢が共感を呼び、地域の人を巻き込む大きな変化を生み出しています。

ヤマガタデザインからほかの地方が学べること

ヤマガタデザインの庄内地方活性化の取り組みは、地方創生を目指す多くの地域にとって素晴らしいモデルになるでしょう。

地方創生のポイントについて、山中さんは「地方都市は、福岡などのような『都会』を目指すのではなく、まったく違う価値観で経済を伸ばしていく必要がある」「キーワードは、人間性と経済性と環境性のバランスを取って成長していく社会を目指すこと。これは逆に都会ではできない」と指摘します。

重要なカギを握るのは、一次産業。テクノロジーを取り入れながらビジネスとして成長させていけば、世界的に見ても大きなチャンスがあるといいます。

たとえば、ヤマガタデザインでは有機農業に取り組んでいます。有機農業の利益率が非常に高いからです。２０１９年のデータでは、ＪＡにお米を卸すと１キログラム当たり１８８円。これが有機栽培米になると１キログラム４００円ほどになります。「１キログラム１８８円のお米の生産量を増やしてもなかなか利益は出ない。有機栽培米で単価を引き上げれば、利益率は大きく改善するんです。有機農業をうまく取り入れている農家では年収が１０００万円を超える農家もざらにいます」

ヤマガタデザインの試算では**日本国内で有機農業マーケットはおよそ２兆円、世界に目を向ければ12兆円のマーケット**があるといいます。それも、今後年平均で８〜

10%ずつ伸びていくともいわれているそうです。有機農業マーケットをメイド・イン・ジャパンで攻められれば、地方の農業の可能性は非常に大きいといえます。

山中さんの凄みは、ＪＡともしっかり協力関係をつくり、有機農業に対して長らく拒絶反応を示してきた人たちとも一緒になってこうした取り組みを進めているところです。

これまで、有機農業は強固なこだわりを持って取り組む人が多く、その熱意を「ＪＡは化学肥料や農薬を売っている」という批判にまで発展させてしまったケースもあるという歴史があります。このため、ヤマガタデザインが有機農業に取り組もうとしたとき、ＪＡの重鎮からは戸惑いの声もあがったといいます。どうやって納得してもらったのでしょうか？

「私たちが最初に説明したのは、有機栽培された農産物にニーズがあるというデータと、有機農業が儲かることを示すデータ。決して既存の農業（慣行農業）を否定しない。ヤマガタデザインが販売先を開拓するので『環境負荷の低いこだわりの野菜』をつくってください、私たちが高く売りますからみんなでお金を儲けましょう、と未来志向で伝えたんです」

一緒に同じ未来を見る関係性は絶対につくることができる、それをやり続けることが大切――。

山中さんの言葉とヤマガタデザインが示したモデルからは、明るい地方創生の未来が見えます。

ここ！

地域の人と同じ未来を見ながら、子どもや若い世代が魅力を感じるまちづくりを実践

CASE

里山を活かした施設はどんどん増える
――GEN風景

過疎地の水田地帯に新たな価値をもたらす

スイデンテラスのように、里山を活かした宿泊施設はこれから増えてくるでしょう。ここでもうひとつ、富山県立山町の美と健康をテーマにしたビレッジ「ヘルジアン・ウッド」を紹介します。

2020年、私はスイデンテラスと、GEN風景という会社が運営するヘルジアン・ウッドの水田姉妹施設協定締結をアレンジしました。

この協定は、「日本人の原風景や原体験を象徴する【水田－SUIDEN－】の景観や環境を活かし、連携して地方都市で新たな価値の創造に取り組み、その価値を広めていくこと」を目的としています。現在はヤマガタデザインとＧＥＮ風景の２社のみですが、今後は水田姉妹施設をどんどん受け入れ、施設間のナレッジの共有やスタッフ同士の交流などに取り組んでいく考えです。

ＧＥＮ風景は、富山県で創業60年の歴史を持つ前田薬品工業の子会社です。２０１４年、創業家から前田薬品工業の社長に就任した前田大介さんは、苦境に陥っていた会社の業績をＶ字回復させると、新たなチャレンジとして地元のラベンダーやヒノキなどを活用したアロマ製品の取り扱いを開始しました。そして２０２０年、子会社のＧＥＮ風景が、ハーブを使った食事やトリートメントを提供する複合施設「ヘルジアン・ウッド」をオープン。前田さんは、これからの製薬会社は病気になった人だけでなく「未病」も含めて目を向けるべきだといっています。**「健やかな暮らしをベースに社会を組み立てる必要がある」**という考えからアロマに着目し、それが美と健康をテーマにしたビレッジ（村）づくりにつながっていったのだそうです。

ヘルジアン・ウッドは、立山連峰と富山湾の風景を楽しめる美しい田園地帯にあります。広大な敷地に建つハーブ園「Ｔｈｅ Ｇａｒｄｅｎ」やアロマオイル抽出工房「Ｔｈｅ Ｗｏｒｋｓｈｏｐ」、レストラン「Ｔｈｅ Ｋｉｔｃｈｅｎ」「Ｔｈｅ Ｔａｂｌｅ」、イベントスペース「Ｔｈｅ Ｆ・ｉｅｌｄ」は、いずれも非常に洗練された雰囲気です。

このヘルジアン・ウッドが建つ地域は、人口減少が急激に進む過疎地であり、**地元の人たちからすれば何ということもない水田地帯**でした。しかし前田さんはその水田地帯の価値に注目し、地主さんたちに「新しい村をつくりたいので皆さんの土地を使わせてください」と頼み込んで、協力を取りつけることに成功したのです。

隈研吾さんと「どこにもない村をつくる」

前田さんがすごいのは、建築家の隈研吾さんを巻き込んでしまったことです。「隈さん、一緒に面白いことをやりましょう」「どこにもない村を一緒につくっていきましょう」――前田さんの熱意が実り、ヘルジアン・ウッドは隈さんが設計を手掛けることになりました。

隈さんは立山連峰の田園風景に馴染むよう建物を分散して配置し、レストラン棟や工房などの各棟をウッドデッキが結ぶようにしました。ちょうど、地域の伝統的な散居村のようです。「村」はまだこれから発展していく予定で、サウナ棟やハーブを使ったトリートメントが受けられるエステ棟、宿泊棟などが計画されています。

さらに前田さんは、ヘルジアン・ウッドの近くの廃校を活用してインターナショナルスクールをつくろうとしています。ヘルジアン・ウッドを中心に、「泊まる」「遊ぶ」「食べる」「学ぶ」といったさまざまな要素を持つエリアを誕生させようというかなり大胆な構想を持っているのです。多様な楽しみや刺激のあるエリアが生まれれば、地域の人が楽しめるのはもちろん、ヘルジアン・ウッドを目的に訪れる人が増えて交流人口や関係人口の増加も見込めるでしょう。

前田さんは高い理想を掲げ、10年、20年、30年先を見据えてアグレッシブに「どこにもない村」をつくろうとしています。同じ「水田」に着目していても、ヤマガタデザインとはまたひと味違う「村づくり」が進んでいるのが面白いところです。

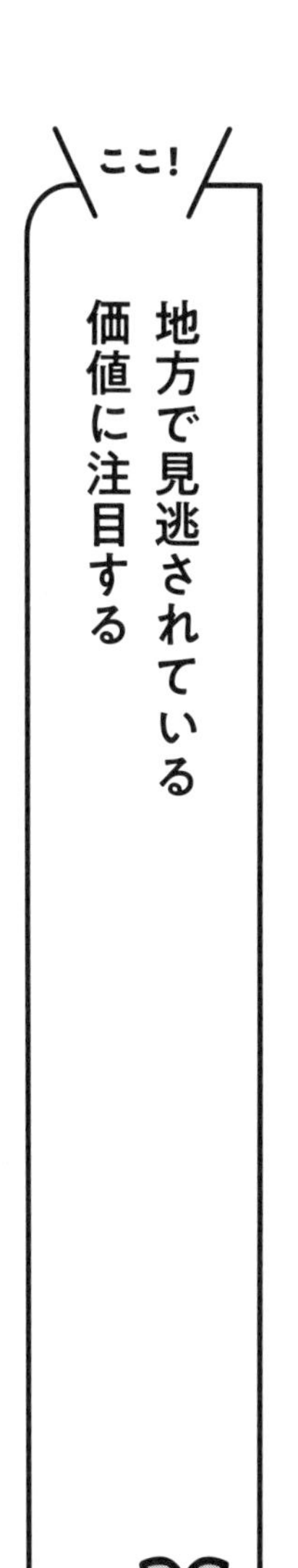

CASE

全国で起業を目指す人や跡継ぎをサポートする

——ジャパンチャレンジャープロジェクト、アトツギベンチャーサミット

地元愛を持って起業を目指す若者たち

地方創生に関連する私の活動のひとつに、公益社団法人ジャパンチャレンジャープロジェクトがあります。ジャパンチャレンジャープロジェクトは、全国の起業家を発掘して育成し、事業のサポートだけでなく、地域起業家のトータルプロデュースまで行うNPOです。

代表理事の中川直洋さんとは、中川さんが証券マンだった頃からの旧知の仲。私が中川さんをワタミの渡邉美樹さんに紹介したことがきっかけで、中川さんは長くワタミの社長室長として渡邉さんを支えることになりました。ワタミが急激に成長し、一

時はバッシングを受け、渡邉さんが参議院議員になるすべての過程をもっとも近いところから見てきた人ともいえます。

中川さんは渡邉さんのもと、社会起業家の人たちを表彰する「みんなの夢ＡＷＡＲＤ」というイベントの責任者も長く務めていました。そして渡邉さんが参議院議員を辞めることをきっかけにワタミを卒業した彼が次の挑戦として立ち上げたのが、ジャパンチャレンジャープロジェクトです。

中川さんが目指したのは、地域で起業する若者をサポートし、一方で地域起業のビジネスコンテストを開催して、そのアワードを目指す**起業家が切磋琢磨する仕組みをつくる**こと。ただコンテストを開催するのではなく、出場者を集めるところから自治体や商工会議所などと連携して起業を志す若者を発掘してサポートし、コンテストが終わってからも経営などのアドバイスを行って支えていくのです。

その考えに賛同し、私が会長理事に、面白法人カヤックＣＥＯの柳澤大輔さんが副会長理事に就任して、２０１９年９月にジャパンチャレンジャープロジェクトは設立されました。設立からわずか９カ月で公益社団法人の認定を受けることができたのは、それだけ公益性が高い社団であると認められたからだと思っています。

２０２０年、ジャパンチャレンジャープロジェクトは１回目の「ＪＡＰＡＮ　ＣＨＡＬＬＥＮＧＥＲ　ＡＷＡＲＤ」を開催しました。

まず東北から九州まで全国７カ所でビジネスコンテストを行いました。ミッション・ビジョン・戦略立案などに関する勉強会を開催し、ＡＷＡＲＤ（最優秀賞）受賞者と優秀賞受賞者には起業支援も行います。さらに、各地域でＡＷＡＲＤ参加者などから７人が鎌倉・建長寺に集う「いざ鎌倉！ＪＡＰＡＮ ＣＨＡＬＬＥＮＧＥＲ ＡＷＡＲＤ ２０２０」も開催し、審査によって１名のグランプリを選出しました。

今後もより多くの地域で地元企業や金融機関などの協力をいただきながらビジネスコンテストを実施、地域起業を盛り上げていこうと取り組んでいます。

ジャパンチャレンジャープロジェクトの活動をして改めて強く感じたのは、参加者の皆さんの地域愛が強いということです。地域をよくしたい、できればサステナブルに発展させていきたいと願う人は非常に多く、各地で「一緒にベンチャーアワードを開催したい」と手を挙げる人がいれば、そのアワードに応募する起業家もいます。

かつて地方では「公務員になるか、地銀や地元のインフラ企業など地域を代表する企業に入るのが勝ち組」とされた時代が長く続きましたが、そのような考え方は主流とはいえなくなりつつあり、**「起業を増やさなければ地域が衰退していく」という危機意識を共有**するようになったと思います。地域起業家支援の現場からは、未来志向で動いている地方の人たちの姿をたくさん見ることができるのです。

2代目、3代目こそ変革者になりうる

私は2021年から、一般社団法人ベンチャー型事業承継の顧問も務めています。この社団は2018年、事業承継分野で知られる千年治商店社長の山野千枝さんが設立。地域の中小企業の若手後継者である「跡継ぎ」が新規事業や業態転換、新市場参入などに挑戦するのを支援することを目的としており、「アトツギベンチャー経営者」が集まるイベント「アトツギベンチャーサミット」開催などの活動を行っています。

私が顧問を引き受けたのは、**地方創生のカギのひとつが「跡継ぎ」**だと考えているからです。

日本にはおよそ385万の会社があり、そのほとんどは中小企業です。私は、中小企業の厚みが日本の強さでもあると思っています。そしてこの**中小企業の「跡継ぎ」が、実は日本のベンチャー企業の孵卵器**にもなっているのです。

一般に、ベンチャーと中小企業とは似て非なるものだといわれます。中小企業というと多くの人がイメージするのは町工場や地元の菓子メーカーなどで、爆発的に成長するベンチャー企業のイメージとは程遠いと感じるのかもしれません。「中小企業の跡継ぎ」と聞いて、バリバリのやり手経営者を想像する人は少ないでしょう。

しかし実際には、日本の上場企業の経営者の多くは「跡継ぎ」という立場から生まれているのです。2代目、3代目というわかりやすい「跡継ぎ」ばかりではなく、家業は継がずに自分で起業した人、継いだ会社の業態を転換した人などもいるので実態が見えにくいのかもしれません。

たとえば、紳士服販売を手掛けていた山口県の小郡商事という会社の跡継ぎだったのが、ファーストリテイリングの柳井正さんです。長野県にあった星野温泉という会社の跡継ぎだったのは、星野リゾートの星野佳路さん。ふたりとも強烈な個性を持つ創業経営者のように見えますが、実は親から引き継いだ会社の業態を大きく転換して大きく成長させています。

「アトツギU34オンラインサロン」には、北海道から沖縄まで全国各地から「跡継ぎ」の若者たちが参加しています。今は、どのようなビジネスでもDX化することで大きく成長する可能性があり、**切り口を変えるだけで町工場から巨大企業が出てくることも十分に考えられる面白い時代。**地方でオーナーシップを持って企業を経営している跡継ぎ一人ひとりの事例に目を向けると、そこにもまた、未来の明るさを見出すことができるのです。

「穴を見つけて穴を埋める」。成長企業は絶えず生まれ続ける

章

「穴」を埋めようとしている企業はまだまだたくさんある

目を凝らして世の中を見れば、明るい未来が感じられる

本書では、「テクノロジーの社会実装」「アフターコロナの暮らし方・働き方」「ダイバーシティ」「地方創生」という4つの観点から、私が10年後、20年後の未来をどう見ているのか、その**未来を見据えて今、経営者として投資家として何をしているのか**をご紹介してきました。

実際のところ、私が投資したり、経営者と面談して何度もアドバイスしたりしている企業はほかにもたくさんあります。さらに、私のもとには「一度話を聞いてアドバイスしてほしい」「出資を検討してもらえないか」といった相談が起業家からひっき

りなしに寄せられています。

私たちはふだん、ニュースで取り上げられるような大きな企業や身近な企業のことばかり目にしがちですが、目を凝らして世の中を見てみると、「穴」を見つけ、その穴を埋めようと奮闘している企業は数多く、さらに次々と生まれてこようとしていることが見えてくるはずです。私はその勢いに明るい未来を感じているのです。

最後にもう少し、そういった企業の例を紹介しましょう。

シフトワーカーのイメージを変える——ナレッジ・マーチャントワークスとタイミー

2021年5月、三井不動産グループが管理する全国およそ40の商業施設が「はたＬｕｃｋ」という店舗マネジメントツールを導入することが発表されました。

はたＬｕｃｋを提供するナレッジ・マーチャントワークス（ＫＭＷ）は私の投資先企業のひとつで、「はたＬｕｃｋ」という名前は、実は私が考えたものです。

ＫＭＷ社長の染谷剛史さんが見つけたのは、日本では非正規で働くシフトワーカーが増えているのに、その人たちをサポートする仕組みがなく、シフトワーカーが幸せに働けていないという「穴」でした。その穴を埋めるため、**シフトワーカーを雇用する会社側とシフトワーカー双方の不満を解消する**ことを主な目的に開発されたのが「はたＬｕｃｋ」。私はこの名前に、染谷さんが目指す「働く人を幸せにする」という意味を込めたわけです。

たとえば会社側とシフトワーカーの不満が高まる場面として典型的なのが「連絡ノート」です。

多くのシフトワーカーを抱える職場では新商品の仕入れやサービスの導入といった情報の連絡が大学ノートなどで行われていることが少なくありません。上場企業でさえ、手書きのノートを使っているというところは多いのです。これでは、誰が読んだのか、連絡が行き届いているのかどうかがわかりづらく、管理しにくいのは当然です。また本部からの指示や共有事項などを店長が連絡ノートに書くとき、店長の力量によって内容がわかりにくくなったり、ひどい場合には内容を間違えていたりといった問題も起きています。

はたＬｕｃｋでは、連絡ノートをオンライン化し、スマホで情報共有することができます。たとえば新しい製品やサービスが導入されたとき、本部がはたＬｕｃｋで解説動画を配信すればシフトワーカーはスマホで手軽に視聴できますし、本部側も誰が動画を見たかを記録から確認することが可能です。最近は非接触決済サービスの導入などで店頭に立つシフトワーカーにさまざまな対応が求められていますから、わかりやすいマニュアル動画などの共有は非常に重要なのです。もちろんはたＬｕｃｋでは、紙の連絡ノートで行われていたようなシフトワーカー同士のちょっとした連絡やエールの送り合い、店長からシフトワーカーへの声掛けなどもできます。

はたＬｕｃｋは、シフト管理の問題も解消します。

近年は働き方が多様化しており、かつて「フリーター」と呼ばれた人たちのように、ひとつのお店でみっちり働く人は減っています。ほかのさまざまな仕事や活動とかけもちしながら短時間労働するシフトワーカーが増えているのです。その結果、ひとつの店舗に関与するシフトワーカーの数が増えており、たとえばレストランチェーンのロイヤルホストの場合、1店舗あたり約70人ほどのシフトワーカーが働いています。

このような状況では、店長のシフト管理の負担は重くなりがちです。これまでは、たとえば誰かが急に休むことになった場合、代わりに入れる人を探すために一斉にＬＩＮＥを送るなどして対応しているケースが多く、そういったやり取りなどに店長が割いている時間が長くなっていました。

はたＬｕｃｋのシフト機能を使えば、シフトの申請から調整、確定、確認までをシンプルに管理できます。シフト調整の手間暇で忙殺されていた店長が、お客さまに向き合ったり商品・サービスの改善など、本来力を入れるべき業務に集中できるようになるのです。

「働きたい時間」と「働いてほしい時間」をマッチングするアプリ「Ｔｉｍｅｅ」を展開するタイミーも、私の投資先のひとつです。Ｔｉｍｅｅで紹介されている「スキマバイト」は、応募も面接も履歴書も必要なく働けます。２０１８年８月にサービスを開始し、２０２１年９月には約４万４０００店舗が導入、ワーカー（働き手）として利用する人は２００万人を超えるほどに成長しました。さらに、２０２１年９月に53億円の資金調達を発表し、そのポテンシャルの高さは多くの投資家から評価されています。

現役大学生社長であるタイミーの小川嶺さんが見つけたのは、急募市場という「穴」でした。街の中で「フロアスタッフ急募！」などの貼り紙を目にすることはよくあります。「今すぐ人手が必要」という場面は、昔も今もずっと変わらずあったわけです。かつてはそのような場面では身内で何とか人手をかきあつめたりしてしのぐしかありませんでしたが、Ｔｉｍｅｅはこの「穴」を埋めながら、シフトワーカーや副業する会社員などが自由に働く場を提供しているわけです。

ＫＭＷのはたＬｕｃｋやＴｉｍｅｅのようなアプリの登場は、シフトワーカーの**より自由な働き方、快適な楽しい職場環境に直結する**ものです。こういった新たなサービスには、シフトワーカーのイメージを変えていく力もあると思っています。

相続の課題をテクノロジーで解決する——トリニティ・テクノロジー

もうひとつ、本書を執筆している間に投資を決めた会社があります。

トリニティ・テクノロジーは「法律×テクノロジー」の領域で事業展開を目指す会

社で、2021年5月に「スマート家族信託」というサービスを開始しました。社長の磨和寛さんが見つけた「穴」は、相続問題です。

もともと、相続は「争族」ともいわれるほど問題が発生しやすいことが知られています。多くの人が「ウチは家族の仲がいいから問題は発生しないだろう」と考えてしまうのですが、実際のところは問題が発生しないケースのほうが少ないのです。これは、どんなに仲がいいはずの家族であっても、子どもたちが結婚してそれぞれの家庭の事情を抱えるようになっていったり、別々に暮らして長い時間が経つうちに人生観や価値観が変わっていったりする中、別人のように生き方が変わる人も出てくるものだからです。

そしていざ「親が亡くなった」といった場面になり、残された資産をどう分け合うのかという話になったときは、それぞれ相続人のバックグラウンドや生き方、そのときの感情などが複雑に絡み合います。

経済合理性だけで話をきれいに片づけるわけにはいきません。「争族」になることを避けたいのであれば、生前にきちんと対策を打っておくことが必須なのです。

一方で、今後は認知症によって意思表示が難しい高齢者が増えることも予想されます。何の準備もないまま認知症が進み、意思表示ができなくなれば、財産が凍結されて家族であっても銀行預金が引き出せなくなることもあります。

このような**さまざまな問題をはらんだまま、日本は少子高齢化の進展でこれから「大相続時代」**を迎えます。現在の状況を考えると、本人がしっかりしている間に信頼できる家族が財産を管理できるようにしておく**「家族信託」は、新たな相続の形**としてニーズが高まることが考えられるわけです。

これまでは、家族信託を利用しようとすると手続きが大変だったり、専門家に高い報酬を支払う必要があったりするという問題がありました。この点、トリニティ・テクノロジーの「スマート家族信託」は、アプリを通じて透明性が高く料金も安く抑えた司法書士のバックアップサービスを提供できるのがポイントです。

テクノロジーを活用した家族信託の新サービスにより、これからトラブルが大量に発生するであろう相続の問題に対し、私たちは生前に解決しておける手段を手に入れたといえます。私は、これは社会正義を実現するサービスだと思っていますし、その社会性の高さがあるからこそ、株主としてしっかり支援していきたいと考えています。

「三菱商事子会社だと優秀な人が採れない」。変化する若手の意識

起業家への道が多様に

私がスカイマティクスの渡邉善太郎さんからＭＢＯにあたって出資の相談を受けたとき、ＭＢＯをしたい理由を尋ねました。そのときの答えはよく覚えています。渡邉さんは、「三菱商事の子会社だと、優秀な人材が採用できないんです」といったのです。

本書の冒頭で述べた通り、過去20年間、アメリカでは優秀な若者ほど起業したりベンチャー企業に入ったりするようになり、ＧＡＦＡＭのようなメガテックは急速な成長を遂げて時価総額トップ10に顔を並べるまでになりました。その一方、日本ではそ

のような変化が起きず、優秀な若者の多くが官公庁や大企業に吸い込まれていく時代が長く続いてきました。

しかし今、若手の意識は大きく変化しつつあります。若い優秀な研究者は、大手企業で上司にがんじがらめにされることを嫌うようになっています。彼らにとって重要なのは自分の才能を発揮できる環境や面白いと思える仕事があることであり、**大企業の安定感は魅力にはならない**のです。

渡邉さんによれば、スカイマティクスが三菱商事の子会社だったときは優秀な若手を誘っても「大手商社の子会社なんて窮屈そう」「大企業の子会社は規律性が強い」といった理由で入社を断られることが多く、採用できるのは大企業出身者ばかりだったそうです。

しかしスカイマティクスがＭＢＯで独立すると、純粋なテクノロジーベンチャーとして多くの優秀な研究者が集まり始めました。渡邉さんは「大企業出身者もベンチャー出身者も、ありとあらゆる人が簡単に採用できるようになりました。スカイマティクスがとがった製品を出しているのを見て『絶対に面白いことができる』と思って人が集まってくれるんです」といいます。

私は「三菱商事なんてダメだ」という話をしたいのではありません。何よりも、私はスカイマティクスのＭＢＯにおいて三菱商事はとてもよい決断をしたと思っています。

第一に、三菱商事はスカイマティクスの株式の一部を保有し続けますから、スカイマティクスが上場すれば大きな収益を得るでしょう。

しかしそれ以上に大きなメリットは、今回のように**「若い才能を育て、世に放った」ということそのものが三菱商事の社内を活性化させる**ことにあると思うのです。

私は個人的にスカイマティクスへの投資を決めたわけですが、これはもちろん、同社のテクノロジーとサービスが今後大きく成長し、投資のリターンを得られるだろうと考えたからです。しかしそれだけでなく、「大企業に入って頑張り、そこからスピンアウトして独立したりＭＢＯをしたりすることによって、サラリーマンからオーナー企業家になる」という道が示されることに意義を感じたことも大きな理由のひとつです。

「自分のしたいことがどこでやれるか」で考える時代が来る

私は起業へのチャレンジは素晴らしいことだと思っていますし、大学で教鞭をとったり講演を行ったりする中、学生や若者に起業家精神を伝える機会も多くあります。しかし、大企業に入ることやサラリーマンになることを否定しているわけではまったくありません。大切なのは、大企業に行くのか起業するのかということではなく、「自分のしたいことがどこでやれるか」を考えることです。したいことができるのであれば、どのような道を選んでもよいし、また途中で進む方向を変えてもよいのです。

日本ではこれまで、「いい大学から大企業に入ったら、何があっても我慢して勤め上げるべきだ」という価値観を持つ人が多かったといえます。大企業を辞めてほかの道に進むのは下りのエスカレーターに乗るようなイメージがあり、今でも「結局のところ、しがみついてでも大企業に所属し続けるのが最善だ」と信じている人は少なくないのではないでしょうか。

しかし、**大企業にいるからといって自分の道をひとつに決めてしまう必要はない**のです。若手の意識が変化してきていることを考えても、今後は転職したり、自分で起業したり、渡邉さんのようにＭＢＯをしたりする人がきっと増えていくでしょう。これからは、「自分がしたいこと」をベースに仕事を選択し、起業や転職によって仕事を変えていくことも当たり前という時代がやってくるのではないかと思いますし、そのような未来にも私は明るさを感じています。

未来が見えている人たちが、起業家支援を加速させている

思いを持つ指導者が新しい挑戦者を生む好循環

私が明るい未来を信じられるのは、起業に挑戦する人が増えていることに加え、その**起業家への支援が手厚くなってきている**ことも大きな理由のひとつです。それぞれに思いを持って起業家を支援する人たちは多く、その取り組みがこれから花開いていくことに対して大いに期待しているのです。

たとえば私は、NPO法人ETIC.が運営する「MAKERS UNIVERSITY」という大学生・大学院生対象の私塾のメンターになっています。MAKER

Sは、「10年後の世界の主役になる未来のイノベーター達が集い、未来を描くために、共に挑み、共に学ぶ、挑戦者のための学校」として、先輩起業家たちの寄附などによって運営されている団体です。

私は20代前半の起業家たちに先輩としてアドバイスをしたりしているのですが、ここで学ぶ若者と話していると、「MAKERSには日本の希望があるな」と感じます。自分で事業を運営しているので、同年代の会社員とは見えている世界がまったく違うのでしょう。20代でもしっかり自立していますし、何よりも前向きで楽しそうです。もちろんこの先、事業に失敗する人も出てくるかもしれませんが、そんなことを恐れる様子はありません。それは、失敗は怖いことではなく、しぶとく何度でも挑戦を続ければいいということを彼らが知っているからです。私の目には、彼らが皆、**自分を人生の主人公として、自分で選択した人生を主体的に生きている**ように見えます。

MAKERSで学んだ起業家は多く、タイミー社長の小川さん、Unito社長の近藤さんも卒業生です。次世代に期待する先輩起業家の思いは、確実に未来につながっているのです。

瀧本哲史さんが残したもの

私の投資先のひとつに、オンライン完結型の音楽レッスンサービスを提供するフォニムという会社があります。

これまで音楽を習う場合、多くの子どもは全国展開している大手の音楽教室に通い、何十年も変わらないカリキュラムでピアノなどを学ぶのが一般的でした。皆さんの中にも、ピアノの発表会に出た経験を持つ人は多いのではないでしょうか。暗譜させられ、緊張感の中でとにかく間違えないように一生懸命ピアノを弾いて、ミスをすると怒られる――そんな経験を重ねるうちにピアノが嫌いになり、中学校や高校を卒業したタイミングでやめてしまう人がたくさんいます。そして大人になってから「頑張ってもう少し弾けるようになっておけばよかった」としみじみ思ったりするのです。

こうした**音楽教育の「穴」**を見つけて埋めようとしているのが、フォニムです。一流のピアニストやギタリストなど豪華な講師をそろえ、独自の教材を用意し、社会人がスキマ時間を使ってオンラインで音楽を学べるサービス「PHONIM MUSI

C」を提供。コロナ禍の中で順調に会員を増やしています。

フォニムは、社長の宍戸光達さんが東京大学を卒業してすぐに設立した会社です。宍戸さんは高校1年生まで、ピアニストを目指して東京藝術大学進学を考えていたそうです。しかし勉学でも高い成績を収めており、周囲のアドバイスもあって東京大学経済学部に進学しました。

そこで、故・瀧本哲史さんと出会ったのです。

瀧本さんは、アイデアとメンバーしかいないような初期段階の企業を支援する熱心なエンジェル投資家でした。投資家として活動するだけでなく、京都大学客員准教授として「意思決定論」「起業論」「交渉論」などの授業を担当し、さらに東大でも自主ゼミナールとして「瀧本ゼミ」を主宰。『僕は君たちに武器を配りたい』『ミライの授業』『君に友だちはいらない』(講談社)、『武器としての決断思考』『武器としての交渉思考』(星海社新書) など若者に向けた著書も数多く執筆されました。

若い世代の教育にほぼすべての力を傾けて影響を与え続けていた瀧本さんが、病のため2019年に47歳の若さで逝去されたことを、私は今でもとても悲しく残念に思っています。

宍戸さんは、瀧本ゼミのゼミ生でした。瀧本さんはフォニムにも投資しており、生前、宍戸さんに「このビジネスに投資できる投資家はそんなにいないと思うけれど、お願いするなら藤野さんに」と言い残していたそうです。宍戸さんは、瀧本さんの「遺言」に従って私にコンタクトをとったわけです。

私がフォニムへの投資を決めたのは、フォニムが音楽教室の「穴」を見つけて新しい音楽教室づくりにチャレンジしていることへの期待があったのはもちろんですが、瀧本さんの思いを引き継ぎたいという気持ちもあったかもしれません。

瀧本さんの教え子が立ち上げた会社は、ほかにもあります。

第3章のテーマとして取り上げたダイバーシティの観点で注目されるのが、ＪｏｂＲａｉｎｂｏｗです。同社はＬＧＢＴのための求人情報サイトを運営しており、ダイバーシティに配慮された働きやすさを示す独自の指標「ダイバーシティスコア」をもとにＬＧＢＴフレンドリーな企業を紹介しています。ＬＧＢＴの人たちが働きやすい職場を見つけられるようにするだけでなく、求人を出す企業側はダイバーシティに積極的に取り組む先端的な企業としてイメージアップを図ることもできる仕組みで、**性的マイノリティの権利を守り生きがいを生むことをビジネスとして成立**させています。

三重県でウェルネス事業などを展開するホークアイも、瀧本ゼミの卒業生が立ち上げた会社です。ホークアイが手掛けるビジネスのひとつが、「ＯｎｅＢｉｔｅ」というヴィーガン料理のミールキット。動物性のものを口にしないヴィーガンに向け、おいしくて健康的なミールキットを販売し、若い人を中心に支持を集めています。

同社のウェルネス事業は、**女性の社会進出に伴って女性への癒やしのサービスが必要になるという考えからスタート**しており、また宗教的な側面などから食事への配慮が必要な場面でヴィーガン向けの料理のニーズがあるという点からも、ダイバーシティがキーになるビジネスといえます。

おそらくこれからも、瀧本さんの教え子たちの起業は続いていくのではないかと思います。

瀧本さんのメッセージは多くの著書に残されているほか、２０１２年に全国から集まった約３００人の若者に向けて行われた講義録が『２０２０年6月30日にまたここで会おう　瀧本哲史伝説の東大講義』（星海社新書）として出版されています。ここからメッセージを受け取った若者が起業していくこともあるでしょう。

そして瀧本さんの思いを受け継いだ人から指導者が生まれ、そこからまた新たな挑戦者が誕生していくこともあるはずです。

「思いを持った人のもとで挑戦者が生まれ、その挑戦者が次の指導者となって次世代をつくっていく」という動きは、アメリカで過去20年に起きてきたことです。

今、未来を見ている指導者たちのもと、日本でも同じような動きはすでに始まっているのです。

特別対談

千葉功太郎 × 藤野英人

「思考も行動も変えて新たな時代に向けた準備をしよう」

本書では、いくつかの軸で2040年に向かうメガトレンドを読み解き、
そのトレンドの中で足元にどのような動きが出てきているのか、
私自身がどのように行動し、
何に投資をしているのかを紹介してきました。
メディアを見ると日本の将来を悲観する話ばかりが目につきますが、
明るい未来が見えている人、その未来に向かって行動している人は
少なからずいます。そのことを皆さんに伝えるため、本書の最後に、
未来を見据えるエンジェル投資家であり
次々に有力スタートアップを輩出する起業家コミュニティ
「千葉道場」主宰者である千葉功太郎さんとの対談をお送りします。

千葉功太郎

（ちば・こうたろう）

千葉道場ファンド ジェネラル・パートナー／Drone Fund 代表パートナー／慶應義塾大学 SFC 特別招聘教授／航空パイロット

1974年5月11日、東京都生まれ。慶應義塾大学環境情報学部卒業後、株式会社リクルート（現リクルートホールディングス）入社。株式会社サイバード、株式会社ケイ・ラボラトリーを経て、2009年株式会社コロプラに参画し同年12月に取締役副社長。2012年東証マザーズIPO、2014年東証一部上場を果たし2016年7月に退任。その後、国内外のインターネットやリアルテック業界でのエンジェル投資家（スタートアップ60社以上、ベンチャーキャピタル40ファンド以上に個人投資）として活動。2017年6月にDRONE FUNDを設立。個人投資先、DRONE FUND投資先の起業家コミュニティ「千葉道場」を運営。2019年4月、慶應義塾大学SFCの特別招聘教授に就任。2018年12月に、堀江貴文氏らと共に国産旅客機「HondaJet Elite」の国内1号機を共同購入。2020年6月1日、自家用操縦士のパイロットライセンス取得を発表。

この5年で激変したスタートアップ環境

藤野　過去20年を振り返ると、２０００年頃の日本には今のベンチャーブームのような空気はなく、超優秀な人はみんな大企業か官庁に進みました。一方、アメリカでは２０００年の段階で最優秀層がフェイスブックやグーグルに入った。私は、それが現在のＧＡＦＡの台頭につながったと考えています。千葉さんは国内外のスタートアップやベンチャーキャピタルに投資する中、スタートアップを取り巻く環境の変化を肌で感じていますよね。２０００年頃と現在の日本では起業家が置かれている状況がだいぶ変わっていると思いますが、そのあたりをどう見ていますか。

千葉　**日本におけるスタートアップの環境は、この5年間で激変**したと僕は思っています。２０１５年に初めて僕が創業間もない企業に投資する「エンジェル投資」をしたときは、アメリカ発の「エンジェル投資家」という言葉自体が日本ではまったく知られておらず、ちょっとアヤしい人のように思われていました。

当時、僕は東証一部上場企業であるコロプラというオンラインゲーム開発・運営会社の副社長でした。日本の常識からすれば、上場企業の経営陣は自社のことに専念すべきであると考えられており、個人での投資活動に対する理解はまったくありませんでした。しかしそれから6年が経ち、**今や経営者がエンジェル投資をするのは当たり前に**なっています。

「子どもになってほしい職業」に起業家がランクイン？

藤野　スタートアップの動向は、いい方向に変わっていますよね。

千葉　起業家の裾野がすごく広がっていますね。これまでスタートアップといえば野武士のように強く特殊な人がつくる時代でしたが、今や東大生が普通に人生の選択肢として卒業後に起業を選ぶ時代になっています。

ほぼ存在していなかった日本のスタートアップ・エコシステムも、この5年間で急激に立ち上がっています。数字で見ると、2020年だけでスタートアップがおよそ4600億円も資金調達しているんです。アメリカや中国に比べるとけた違いに小さいけれど、5～6年前はほぼゼロだったと考えれば、著しい成長を遂げているといえます。

この感覚からすれば、20年後は当たり前のように日本人の職業の選択肢に起業家が入っているでしょうし、「子どもに将来なってほしい職業ランキング」のトップにも、スポーツ選手や医師と並んで起業家が入っているんじゃないかなと思っています。

藤野 それは僕も同意します。起業家が子どもに将来なってほしい職業のベスト10に入り、ひょっとしたらベストワンになるかもしれない。

千葉 **20年単位で見れば、親世代の意識が変わる**はずです。ここが重要なんです。たとえば医師を目指す子どもの多くは、親が「この子を医師にするんだ」と強く思うからその道に進んでいる。スポーツ選手も同様でしょう。親の支援なしに、なかなかそのような道に行くことはできないと思うんですよね。そこに起業家という選択肢が入ってくるかどうかは大きい話です。僕の11歳の娘は、将来、会社をつくるといっています。

藤野 それは楽しみですね。

千葉 親が当たり前のように会社を経営していれば、その子どもも当たり前のように会社を興して経営者になると思います。ひと昔前までは「親が当たり前に会社に勤めているから、自分も大学を卒業したら就職して勤め人になるのが当然だ」という考え方が一般的でした。20年後は間違いなくこれが変わっていると思います。

結局は「人」への投資。注目は「シリアルアントレプレナー（連続起業家）」

藤野　私は千葉さんを見ていて、すごく尊敬しているところがあるんです。いや、共感といったほうがいいのかな。それは、基本的に「人」を見て投資しているということです。もちろんDRONE FUNDではドローンに特化して投資をしているわけですが、根本的に千葉さんは人間を追いかけている。私はそれこそ一番の王道というか、**勝率が高い投資のひとつのあり方**じゃないかと考えているんですが、千葉さんはどうお考えですか。

千葉　投資家としての僕のスタンスは、おっしゃる通り「人」を見ることにあります。シード段階だけでなく、ミドル、レイターのステージであってもそうです。マザーズ上場レベルでさえ、仕組みで稼ぐほど会社は成熟しておらず、まだまだ創業社長や経営メンバーといった「人」なんだろうなと思っています。やっぱり創業者の底力とか胆力、夢というところに会社の成長がすごく引っ張られるんです。そして上場後、それをいかに仕組み化したり組織化したりしていくかに、企業の将来がかかっていく気がします。

マザーズ上場レベルでもそうなんですから、未上場のスタートアップを見るときは、もちろん事業計画や数字などいろいろなものは見ますけれども、それ以上に「人」を見ています。

藤野　そうですよね。

千葉「シリアルアントレプレナーの2周目、3周目も応援する存在でありたい」

千葉　「人」ということでいえばもうひとつ、僕は新しい事業を何度も立ち上げる「シリアルアントレプレナー」にすごく注目しているんです。**いい起業家は何回も何回も起業する**と信じています。僕は、日本のスタートアップのエコシステムをつくるための一番重要なキーは、いかにシリアルアントレプレナーが生まれやすい環境をつくれるかだと思っています。だから「人」にずっと着目して追いかけて、その人がM&Aやそのほかの理由で会社を離れることがあっても、また新しい会社をつくったときに僕がすぐに出資をして、2周目、3周目を応援していきたいんです。

僕が代表を務める起業家コミュニティ「千葉道場」の中で、この1年に投資した先の30%以上はシリアルアントレプレナーです。一例を挙げれば、千葉道場1期生で、宿泊予約サービスReluxを運営するLoco Partners前CEOの篠塚孝哉さんは、エグジット（投資資金回収）した後の2021年に二十数億円を資金調達して新たに令和トラベルという旅行会社を創業しました。その2周目を応援し、投資するということが実現できたんです。僕は「人」にずっと注目しているし、いい「人」を追いかけていれば、いい会社になるんじゃないかという思いが根底にあります。

起業家コミュニティ「千葉道場」で伝えていること

藤野　千葉さんは「千葉道場」という起業家コミュニティを持っていて、さらに大学教授という顔もお持ちです。そこでどんなことを教えていますか。

千葉　学生や千葉道場のみんなには、**「逆算の思考で目標を持て」**ということをよく話しています。たとえば5年後に自分がどうなっていたいのかということを具体的に解像度高く設定する。そこから逆算して生きていってほしいという話です。

解像度の高い目標にはふたつの要件があります。ひとつは、数値的に定義できること。もうひとつは、他人に説明ができて第三者から認めてもらえるゴールがあること。たとえば経営者だったら「5年後にマザーズにＩＰＯができていて、時価総額が５００億円を超えている」といったことです。あるいは学生だったら「司法試験に合格して、法律事務所で最初のインターンが始まっている」といったように、具体的で、第三者から明確に達成をジャッジしてもらえる目標を持ち、そのためにやることを逆算するわけです。1年目、2年目、3年目、4年目、そして5年目に何をするか。目標設定が低いと普通に達成できてしまいますが、圧倒的に成長しないと面白くないですよね。

藤野　「圧倒的な成長」っていい言葉ですね。

千葉　これは千葉道場でよく使っている言葉で、自分なりのムーンショットな目標を持つことが必要です。そこから逆算したときに、今やっている仕事が自分のムーンショットに対してステップ1、ステップ2になっているのであれば、今やっていることはめちゃくちゃ有意義であると判断できるわけです。会社勤めをしていても、心の中で「ステップ1として社内で新しい提案をしよう」とか、「2年間でここまでスキルを身につけたら会社を辞めて、次のステップ2に上がるために転職をしよう」といったように目標に向かって進んでいくことができます。

よくないのは、受け身でだらだらと仕事をすることです。目の前に仕事があるので、なんとなくそれをこなしていく。「ああ今日も疲れた、土日は寝よう」みたいな毎日を繰り返していると、やっぱりステップアップはしないいんじゃないかなと思います。逆算の思考を持てるかどうかは重要です。

日本版ペイパル・マフィアがDXで維新を起こす

藤野 千葉道場は、吉田松陰の松下村塾のような江戸時代の塾に近いと思っています。あの時代の塾というのは別にパブリックなものではなくて、プライベートな目標を掲げた人、それに賛同する人たちがプライベートに集まって切磋琢磨していたわけじゃないですか。

幕末の志士が日本を切り拓いたように、今を生きるエンジェル投資家や起業家たちが新たに日本を切り開いていく。**起業家をばらまくことによって旧勢力に対抗し、国を変えていく**というようなことが本当に起きるのではないかと思っているんです。千葉道場と同規模ぐらいの道場がいくつも出てくると、日本は大きく変わるんじゃないかなとすごく期待しています。

千葉　僕もそう思っています。千葉道場は、坂本龍馬も剣術を磨いた幕末の剣道場「千葉道場」の現代版という位置づけなんですよ。

藤野　北辰一刀流を創始した千葉周作がつくった千葉道場ですよね。

千葉　実は、千葉道場ドローン部合宿の第1回目は東京の旧千葉道場跡地でやったんです。

藤野　そうだったんだ、かっこいいですね。

千葉　僕は歴史が好きで、こういうストーリーは大切だと思っています。藤野さんがおっしゃったように、今の起業家は当時の幕末の剣士のように維新を起こそうとしているわけなんです。維新を起こすのが、力ではなくてDX（デジタルトランスフォーメーション）だという違いはありますが。

千葉道場は、DXによって社会に維新を起こそうとしている集団だともいえますね。そこでは**みんなが先生であり、みんなが生徒**なんです。合宿も、常に全員が先生役をやるし、全員が生徒であるというのを徹底しています。僕自身は毎回、ただひたすらミッションとビジョンを語るだけの役で、何かを教えているわけではありません。

勉強は全員が互いに教え合うというのも、坂本龍馬の剣道場とまったく一緒です。そこに集まった人がお互いにカンカンカンとやり合うことで剣術が磨かれるし、コミュニティそのものが力になって、突破口につながっていく。こうしたスタイルであれば自然に大きくなれると思っています。ほかにもホリエモン（堀江貴文さん）道場や経営者の学びを語り継ぐIVS　DOJOなどがありムーブメントが起きつつありますが、今後もっといろいろな場ができるといいなと思います。

藤野　「道場」という言葉もいいですよね。

千葉　そうなんです。僕は日本語が大好きなので、なるべく日本語を使うようにしています。「道場」の語感が気に入っているんですよね。そういえば、先日「道場破り」も来まして（笑）。剣道の世界では、剣道場のトップがほかの道場に行って試合をするのを道場破りといいますが、我々の合宿に「千葉道場の方々、よろしくお願いします」とほかのコミュニティから人が来たんです。面白かったですね。

藤野　「道場」って、結束の固い集団という意味で、海外だと「マフィア」という言い方になるかもしれないですね。

千葉　そうですね。マフィアっぽいかもしれないですね。

藤野　お話をうかがって、アメリカの天才起業家集団「ペイパル・マフィア」を連想しました。

千葉　ああ。

藤野　イーロン・マスクやピーター・ティールなど、ペイパルの創業メンバーたちがペイパルを離れたのち、起業家、投資家としてユーチューブやテスラなどユニコーン企業を生んで強大な影響力を持っている。それぞれのつながりも強い。

千葉道場は、ペイパル・マフィアをまねたわけではなく、オリジナルな存在ですが、もし海外の人に千葉道場を説明するなら、ペイパル・マフィアの日本版だというとすっと腹落

藤野「千葉道場から日本版ペイパル・マフィアといわれる逸材が生まれる」

ちするんじゃないかと思います。

千葉　マフィアという言葉はかなりニュアンスが近い感じがしますね。やっぱり、心がつながっているので。

日本が圧倒的に遅れている「成功体験の体系化」

藤野　10年後の千葉道場をどうしたいと考えていますか?

千葉　僕に関係なく、国内外に千葉道場が広がっている状態がいいですね。これは10年後に必ず実現していたい。それで2021年中に、海外版の千葉道場を開こうと思っているんです。最初は英語版の千葉道場を開いて、そこがうまくいったらほかの言語でも千葉道場をやりたいです。

藤野　それはいいですね。

千葉　今、千葉道場の知の体系化をしているんです。パターン・ランゲージの専門家である慶應義塾大学の井庭崇教授と一緒に、**千葉道場のノウハウをアカデミックに分類**しています。「千葉道場の起業家はなんで千葉道場っぽいんだろう?」「どうしたら成功する起業家になれるんだろう?」というところをインタビューベースですべてパターン化し、書籍やカードゲームにしようと考えています。カードゲームであれば、誰でも学びやすい。それを英語に翻訳して、海外でも再現性があるかチャレンジしたいんです。

シリコンバレーがすごいなと思うのは、何でもきれいに体系化してまとめる能力が圧倒的に強いところなんです。あらゆるフェーズにおいて、知と技術とノウハウをわかりやすく1冊の読み物にまとめちゃいますよね。1時間読めば誰でも理解できる。だから極端な話、中の上ぐらいの起業家がいれば、これらの体系化された知を活用してそれなりの企業が興せると思います。

藤野　確かにそうですね。

千葉　とにかく日本が圧倒的に遅れているのが、体系化です。**「けた外れの天才の背中を見て、あとは自分で歯を食いしばって頑張れ」というのが今の日本**で、メルカリの山田進太郎社長の背中を見ながらみんなが「オレも山田社長になるぜ」と気合いだけで頑張っているのが実情です。これでは、いつまで経っても起業家の大量生産はできません。我々は今後10年で天才たちの知の体系化をすべきなんです。そして僕が今すぐできることは、千葉道場の成功体験の体系化と横展開。誰でも使えるようにオープンプラットフォーム化していくことです。**知を隠すつもりはありません。**オープンにしたところで、自分はまたその体系化された知をどんどんカスタマイズしていけば何の問題もありませんし、むしろそれによって力が強くなっていく。

こうしたことはペイパル・マフィアもアメリカのベンチャーキャピタルでもまだやっていないでしょう。日本のやり方が世界で受け入れられるのであれば、英語版の千葉道場が各国に入り込める可能性は十分にあると思っています。

起業と年齢の関係は？

藤野　学生から「いきなり起業するのではなく、大企業でトレーニングをしてから起業したほうがいいのではないか」という質問をされた場合、千葉さんはどう答えますか？

千葉　3年前までは「若ければ若いほどいいから、早く起業しろ」といっていました。でもその考え方が最近変わってきて、今は「どっちでもいい」と答えています。**急ぐ必要もないし、遅れて焦る必要もないんです。**起業に年齢は関係ありません。

たとえば、いわゆる大企業に新卒で入って15年ぐらい勤め上げて37歳で起業するといった方は「骨太」なんです。投資先として見ていても、1周目とは思えないほどビジネスセンスがあって、安定していて、常識も持っている。そういった方は成功する確率が高いと感じています。一方、若くして起業した場合、マネジメントなどで苦労する面があります。実際、２０２０年に僕が投資した一番若い起業家は19歳の学生だったんですが、起業後に組織崩壊しかけてしまい、かなり苦労した時期がありました。自分よりひと回りもふた回りも上の人たちを採用して組織をつくろうとすると、そこで苦労することも多いんですよね。どちらもメリット、デメリットはありますから、別にどっちでもいい。そういう意味では、いい時代だと思います。

64歳でいきなり起業、69歳で上場

藤野　「若手起業家」という言葉に代表されるように、一般に起業は「若い人がするもの」と思われがちです。その点はどうお考えですか。

千葉　先ほどもいったように、起業に年齢は関係ありません。起業家は若手だけじゃないですしね。実際に僕が投資して成功した事例としては、ＡＣＳＬという国産産業用ドローンメーカーが挙げられます。創業者の野波健蔵さんはもともと千葉大学の教授で、２０１３年11月、64歳のときに研究テーマであるドローンで大学発のベンチャーを立ち上げています。僕は途中から出資させていただいたのですが、ＡＣＳＬは２０１８年12月にマザーズに上場して時価総額４００億円を超えるまでに成長しました。

国立大学の教授が64歳でいきなり起業という大チャレンジをして、69歳でマザーズ上場という20～30代のキラキラ起業家がやるようなことをなさった。こうしたケースがどんどん出てくると、日本の未来は明るいと思います。

藤野　本当にそうですね。

千葉　日本は資源を持たない国ですから、**知力をビジネスに変えるのが一番いい**。そういう意味で、僕はやっぱり大学ってすごいなと思っているんです。大学で20年、30年研究をしてきたことがビジネスで花開く可能性はたくさんあるでしょう。

今までは大学の知財をお金に変換する方法もビジネスに変換する方法もなかったので、みんながあの手この手で頑張ってきたけれども、なかなかうまくいかなかったという歴史があります。今後はスタートアップ支援の環境を活用することで十分にビジネスにつなげられるんじゃないかなと思っています。

"オワコン"にならないためにしていること

藤野 最近、パイロットの重要なライセンスのひとつを取るためにウクライナに単身で渡られたとフェイスブックで拝見しました。訓練そのものも危険きわまりないもののようで、千葉さんの立場や年齢でそれだけのチャレンジをするってすごいですよね。

千葉 そうなんですよ。人様のお金を預かって、ファンドの運営をしているGP（General Partner）がこんなリスクのあることをやっちゃダメですよね。LP（ファンドへの出資者）に怒られないかなと思いながら恐る恐るSNSで発信しているのですが。

藤野 みんな、「千葉さんだからしょうがない」と思っているんでしょう（笑）。

千葉　そう。だんだん教育が行き届いてきて（笑）、「千葉さんはもうどうしようもない」といい意味であきらめてもらえてよかったです。

藤野　セルフブランディングですよね。

千葉　なんで僕がこんなことをやっているかというと、複合的な目的があるんです。「パイロットになりたい」という個人的な欲求はもちろんですが、パイロットになるとDRONE FUNDの投資先と渡り合うことができるという直接的なメリットがあります。さらに、千葉道場のコミュニティはドローン部と合わせると130社ぐらいあるんですが、その**130社の起業家たちに背中を見せられることが実は大きい**と思っているんです。

僕はコミュニティの主宰者として尊敬されなくちゃいけないんですが、尊敬されるのって意外と難しくて……。一時的にはできるんですよ。たとえば「コロプラを成功させましたね」とか。でも、そんなのは5年も経つと賞味期限が切れちゃいます。〝オワコン〟になってしまえば、起業家からは尊敬されなくなります。

藤野　確かに、自分自身が動き続けていない「**過去の人**」**のいうことは説得力がなく**

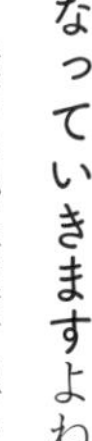
なっていきますよね。

千葉　僕は現在進行形で尊敬され続けなきゃいけない、そのためにはあいつら以上に頑張っている背中を見せて、あいつら以上にリスクを取っている姿も見せなくちゃいけないんです。心理的安全が100%確保された場所であぐらをかいて「お金を出してやってもいいぞ」みたいな立場は、死んでも取っちゃいけない。誰よりもリスクを取っているし、誰よりも苦労しているという姿を見せて初めて、「千葉さんはあれほどになっても自分たちよりも努力している。勝てねえな」と思ってもらえる。そうでないと、コミュニティって成立しなくなっちゃうんですね。だから、僕自身も頑張っているという感じです。

千葉「誰よりもリスクを取っている姿を起業家たちに見せるために頑張っている」

パイロットの訓練って、途中で音を上げたいぐらいつらいんですけど、でも「起業家たちをぎゃふんといわせたい」という気持ちが原動力になって続いています。その効果は、確実に出ていると思います。

海外投資家のトーン・アンド・マナーを理解する

藤野 ウクライナでの訓練は、ロシア語ですか。

千葉 ひとりだけ英語ができる教官がいたのでその教官を中心に会話していましたが、ロシア語しかできない教官とは全世界共通の航空無線用語での会話でした。英語ができるだけでこんなに楽なんだと思いましたね。

藤野 確かに。

千葉 英語といえばという話なんですけれど、僕、純ジャパニーズで留学経験もなくて、40歳まで英語は平均的な日本人並みにしゃべれなかったんです。海外ミーティングがあると、通訳としてネイティブに同席してもらって、自分は日本語で全部しゃべるというスタンスを貫いていました。でも、それでは自分のやりたいことが追いつかないなとあきらめて、遅まきですが40歳で英語を勉強するようになったんです。

今は、千葉道場全体でも英語学習をやっています。2年前には、シリコンバレーで4泊5日の合宿をしました。60人の起業家を連れて現地に行って、千葉道場ピッチイベントを開いたんです。審査員は現地の皆さんにお願いして。

藤野 それは思い切った取り組みですね。

千葉 審査員の方には「ぼろぼろにたたいてください」と事前にお願いをして、「こんなんじゃシリコンバレーだったら一次予選も突破できないよ」というぐらいのことをいってもらって、参加者全員、泣きながらプレゼン資料をつくり直したんですよ。上場を見据えるなら、グローバルオファリング（国内市場と同時に海外市場でも株式の募集・売り出しを実施）を行うにしても、旧臨報方式（日本国内の臨時報告書で海外投資家に株式を販売）であっても、世界の投資家に対してアプローチをしていかなくちゃいけない。**CEOは最低限のコミュニケーションスキルを持たなくちゃいけない**わけです。

これは「英語で話せればいい」というわけではなく、本質は海外投資家のトーン・アンド・マナーを理解して彼らの文化でコミュニケーションできることだと思っています。だから日本語の資料を翻訳してしゃべっても意味がない。日本向けのプレゼンとアメリカ向けのプレゼンはそもそも説明の仕方が違うよね、というところから入らなくちゃダメなんです。そういう点も含めて、千葉道場合宿でシリコンバレーに行ったのはとても有意義だったと思っています。

ビジネスとプライベートを相互に多角的に活かす

藤野　千葉さんは仕事も人生もトータルに考えていますよね。「個としてどれだけ人生を充実させるか」と「仕事を一生懸命頑張る」を、&（アンド）で考えている。これまで日本には、「&」で考えるのは不謹慎だ、仕事を一生懸命頑張るならプライベートは犠牲になって当然だという風潮がどこかにありました。そういう面で見れば、千葉さんってめちゃくちゃ不謹慎な人ですよね。

千葉　僕は「公私混同」です。

藤野　そうですよね。実は私も、**これから20年の生き方は「公私混同」が重要なキーワードになるんじゃないかと思っているんです。**千葉さん流の「公私混同」について、考え方を教えてください。

千葉　僕はずいぶん前から、堂々と「公私混同」の人生をつくっています。いい意味で、仕事とプライベートをすべて混ぜているんです。藤野さんもきっとそうですよね。休みの日だろうと旅行中だろうと関係なく、発見やひらめきがあったらすぐに仕事につなげたいと思っています。

たとえば、旅行で5つ星ホテルに泊まると、そこで見えることってたくさんあるんですよね。このクオリティだからこの売り上げなんだとか、表向きはこのホテルがオペレーションをしているけれど、裏にいるのは誰なんだろうとか。調べてみて○○不動産だとわかったら、では、その会社はどういう経緯でこの土地を得たのか……というように、休み中にいろいろと考え出して、そこからまたアイデアが生まれたりします。いつだって、プライベートも楽しむし、脳内で並行してビジネスのことも考える。ビジネスとプライベートを相互に多角的に活かしているので、**人生で仕事にかかわらない時間はないし、プライベートを楽しめない時間もない**というわけです。

藤野　時間の使い方はどのような感じですか？

千葉　コロナ禍以降、働き方に関しては場所にとらわれることがなくなりました。現にこの対談も移動しながらオンラインで行っているわけですから。

僕は5年前からＺｏｏｍを使っていて、周囲にはＺｏｏｍのインストール方法から使い方まで説明してビデオ会議を提案していました。でも、まったく誰も使ってくれなかったんです。ところがコロナ禍の1年で劇的に社会が変わり、どこでも働ける環境が整いました。このような変化によって、「公私混同」の考え方はよりいっそう社会とつながってきたなと思います。

藤野　「公私混同」に際しての千葉さん流のルールはありますか。

千葉　僕が「公私混同」で鉄則としているのが、まだ**実証実験段階にある新しいプロジェクトや試みは全部プライベートのお金でやる**ということです。会社のお金は1円も使わず、うまくいったらそれを会社やプロジェクト、投資先に無料で渡していくことを徹底しています。「千葉さんはめちゃくちゃ公私混同しているけれど、プロジェクトについてはまずプライベートマネーでやっているよね」ということが周囲がわかるようにして、そこで後ろ指を指されないように意識していますね。

藤野　お金に関しては潔癖にする。一方で、時間のアロケーション（配分）に関してはいい意味でごちゃごちゃということですね。

千葉　ごちゃごちゃです。これが自分っぽいやり方ですね。

買うものにも売るものにも本音が出ているか

藤野　「自分っぽさ」ってすごく大事ですよね。でも現状では、「公（仕事）」と「私（プライベート）」を完全に分けて考えていて、「公（仕事）」が個人の目標や目的とつながっていないという状態の人がすごく多いと思います。「公（仕事）」に自分っぽさがないのが当たり前になってしまっているんです。

千葉　確かにそうですね。

藤野　私はいつも、人間の本音は「買うもの」に現れるといっています。買うことは100％、自分の本音。一方、仕事で「売るもの」に関しては、本音としては自分がいいと思っていないものであっても「儲かりそうだ」とか「会社の命令だから」とか、いろいろな邪念が入ってくるんですよね。

でも本来、「買うもの」と「売るもの」の

藤野「人間の本音は買うものに現れ、売るものには邪念が入る」

両方とも自分が好きだと思えるのであるのが理想なわけです。「買うもの」と「売るもの」、つまりプライベートと仕事のどちらも本音であるほうがいい。それなのに、自分の本音とは違う働き方をしている人がすごく多いような気がします。そこをもう少しつなげることができないか。会社員であれば、**自分のやりたいことと会社のミッションが一致する状態になれば、日本はとても強い国になる**と思っています。

千葉　本当にそう思います。現実的には好きなこととお金を稼ぐことが直結しないパターンも多いと思いますが、理想論をいえば「好きなことをやる」だと思うんですよね。

ビジネスチャンスが明確だから〝おいしい〟

藤野　実際に起業家と接していて感じる期待など教えていただけますか？

千葉　繰り返しになりますが、起業については、本当に全年齢、どんな人でもチャンスがあると思っています。ですから社会人の方には「今やっている仕事が何であれ、あなたが培ってきたノウハウと知識をベースに一点突破でレバレッジがかけられるのであれば、どんどん起業してほしい」と思っています。若者はいうまでもありません。大学や高校を卒業していきなり起業することも可能だし、中学生だって起業できる時代なんですから。

藤野　今は東大生も普通に起業したりするじゃないですか。起業がだいぶ当たり前になってきたことを考えると、20年後には日本の時価総額上位企業がガラッと変わっている可能性が高いですよね。

千葉　はい、そう思います。

藤野　日本の時価総額上位100社のうち、半分以上がランキングから姿を消すでしょう。そこに取って代わる企業のうち7～8割は、今はまだ上場していない会社群の中から出てくるんじゃないかと思うんです。ダイナミックに社会が変化するので、**2021年からの20年間というのは、どこにいるかによって人生の見え方がずいぶん変わってくる**と思います。

2040年になって「給料も減ったし、最後はリストラされちゃって最悪の20年間だった」と思う人と、「仕事がめちゃくちゃ面白くてやりがいがあったし、給料も増えたし、楽しい人生だ」という人と、完全に二極化することになるでしょう。

千葉　そうですね、そうなると思います。

藤野　そういう社会が待ち受けているというのは千葉さんや私からすると自明のことなんですが、まだ世間的には自明のことじゃない。でも、２０４０年にどの会社が時価総額1位になっているのかはまだ誰もわからないけれど、確実にいえるのは、いわゆる〝昭和のオジさん〟が経営しているような古い会社は消えてなくなるか小さくなるということです。だから、思考も行動も変えて新たな時代に向けた準備をしようということを伝えたいんです。

千葉　本当にそう思います。**受け身でいたら「残念な側」になってしまう**でしょう。逆に、ＤＸを使いこなす側にうまく自分を変化させることができれば、「おいしい側」になれます。

藤野　東京２０２０オリンピック・パラリンピックのデシジョン・メーキング（意思決定）や旧態依然とした日本企業を見ると「日本ってダメだな」と思うのと同時に、そこにあるビジネスチャンスが明確で「おいしいな」とも思いますよね。

千葉　ファクスをやめられないという報道などを見ても、改めてアナログな国だなと思いますよね。でも、見方を変えると「おいしい」と思っちゃいます。結局、僕が投資をしている会社は平たくいえばおしなべてDXなので、「こんなにおいしい国はないな」と思いました。既存の〝昭和オジさん〟が権力を握っていて、**急激な変化にはまだまだ時間がかかる。だからじっくり戦える**んです。

藤野　その「おいしいニッポン」をあなたは味わえますか？　ということなんですよね。

おわりに――2040年、不幸になるか幸せになるか

日本は課題先進国と呼ばれています。少子高齢化はすでに確定した未来であり、地方が空き家だらけになることも、認知症の高齢者が増えることも間違いありません。社会課題が山積する中、日本の未来は暗いと考える人がいるのは当然でしょう。

私自身、いまだに思考をアップデートすることができない〝昭和のオジさん〟がはびこっている現状を見るにつけ、**今は「令和3年」ではなく、まだ「昭和96年」なのだと思うこともあります。**２０１８年に上梓した『さらば、ＧＧ資本主義』（光文社新書）は、日本の高齢化問題が成長を邪魔していること、上の世代がいつまで経っても重要ポストに居座り、企業をはじめあらゆる場所で新陳代謝が起きにくくなっていること、その結果、若い人たちが力を発揮する場所が一向に増えず、社会に新しい価

値観が根づかないこと、時代が変化しつつあるのに旧来型の発想から抜け出せず成長の芽が摘まれてしまうことなどへの危機感から執筆したものでした。

しかし、時代は変わりつつあります。2021年8月に政府の研究会が発表した報告書「企業組織の変革に関する研究会提言の論点整理」では、「日本の経営者は圧倒的に生え抜きの男性が多く、多様性は皆無。一度でも転職すると経営者になれない。また、多様性がないことで最適な意思決定ができなくなっている」と記載されており、私が『GG資本主義』で訴えていたことが国の課題として明確化されてきているのです。

私は日本の未来を明るいと感じていますが、それは「日本の社会全体が幸せな方向に進んでいて、その日本という大きな船に乗ってさえいれば幸せになれる」ということではありません。**2040年に明るい未来を迎えられるのは、これから来る未来に向けて準備をし、何らかのアクションをした人だけ**です。未来は暗いと信じたまま特に行動を変えることもしない人にとっては、きっと厳しい時代がやってくるでしょう。

つまりこれからの10年、20年は、**皆さん一人ひとりがどのように人生を選択するか**次第で、幸せにもなれば不幸にもなるということです。

本書で取り上げたベンチャーのように、社会課題の中から「穴」を見つけてそれを埋めることができれば、多くの人を幸せにし、自分も幸せになれる可能性は無限にあります。

大切なのは、まずこのことに気づくことです。

日本には世の中を暗くする要素がたくさんありますが、**怒りや不安、矛盾に目を向け、それを解決する方向に向かって進んでいけば、楽しく明るい未来を自分で切り開いていける**可能性は十分にあるのです。

本書では、私が経営したり投資したりしている会社を中心にその具体的な事例を紹介してきました。もちろん、私の投資先やかかわっている団体がこれからどうなっていくのか、実際のところはわかりません。私は個人資産の大半を未上場企業に投資していますが、これは金庫に木の葉をためこんで「いつか金塊になるはずだ」といっているようなものともいえるでしょう。それでも私は、日本の明るい未来を信じているからこそ、大きなリスクをとって投資し続けています。

私は投資家であり、さまざまな企業に出合う機会が多いのは確かですが、それでも私に見えている世界は本当にごく一部。ですから、**読者の皆さんが見ている地域、見ている産業、見ている場所には、私がまったく知らない期待のベンチャーが山のようにある**はずなのです。

どうぞ、皆さんもぜひ目を凝らして周囲を見てみてください。そして10年後、20年後に向け、ご自身の人生を選択していっていただければと思います。

藤野英人

【著者略歴】

藤野英人（ふじの・ひでと）

レオス・キャピタルワークス株式会社 代表取締役会長兼社長・最高投資責任者

1966年富山県生まれ。1990年早稲田大学法学部卒業。国内・外資大手投資運用会社でファンドマネージャーを歴任後、2003年レオス・キャピタルワークス創業。主に日本の成長企業に投資する株式投資信託「ひふみ投信」シリーズを運用。JPX アカデミーフェロー、東京理科大学 MOT 上席特任教授、早稲田大学政治経済学部非常勤講師、叡啓大学客員教授。一般社団法人投資信託協会理事。

著書に『投資家が「お金」よりも大切にしていること』（星海社新書）、『投資家みたいに生きろ』（ダイヤモンド社）、『14歳の自分に伝えたい「お金の話」』（マガジンハウス）、『ゲコノミクス』（日本経済新聞出版）、『投資レジェンドが教えるヤバい会社』（日経ビジネス人文庫）など多数。

おいしいニッポン
投資のプロが読む2040年のビジネス

2021年11月8日　1版1刷

著　者　藤野英人

発行者　白石　賢

発　行　日経 BP
日本経済新聞出版本部

発　売　日経 BP マーケティング
〒 105-8308　東京都港区虎ノ門 4-3-12

印刷・製本　シナノ印刷

ISBN978-4-532-35907-2

本書籍に関するお問い合わせ、ご連絡は下記にて承ります。
https://nkbp.jp/booksQA

Printed in Japan